C.H.BECK WISSEN

Der Bürgerkrieg von 1861 bis 1865 war der vielleicht wichtigste Einschnitt der amerikanischen Geschichte. Er hat sich tief in das historische Gedächtnis der Vereinigten Staaten eingegraben. Während im Norden der USA Mitte des 19. Jahrhunderts die Industrialisierung voranschritt, blieb im Süden eine Form der Plantagenwirtschaft vorherrschend, die auf einer speziellen Institution beruhte: der Sklaverei. In ihr wurzelten die wirtschaftlichen, sozialen und politischen Gegensätze, die schließlich zur Sezession der Südstaaten führten. Anschaulich und auf dem neuesten Stand der Forschung schildert Michael Hochgeschwender die Ursachen, den Verlauf und die Folgen dieses äußerst verlustreichen Krieges, um den sich bis heute zahlreiche Mythen ranken.

Michael Hochgeschwender, geboren 1961, ist Professor für Nordamerikanische Kulturgeschichte, Empirische Kulturforschung und Kulturanthropologie an der Ludwig-Maximilians-Universität München. Bei C.H.Beck ist außerdem von ihm lieferbar: Die amerikanische Revolution. Geburt einer Nation 1763–1815 (3. Aufl. 2018).

Michael Hochgeschwender

DER AMERIKANISCHE BÜRGERKRIEG

C.H.Beck

Mit zwei Karten
(gefertigt von Peter Palm, Berlin)

1. Auflage. 2010
2., durchgesehene Auflage. 2013

3. Auflage. 2020

www.chbeck.de
Reihengestaltung Umschlag: Uwe Göbel (Original 1995, mit Logo),
Marion Blomeyer (Überarbeitung 2018)
Umschlagabbildung: Flagge der Südstaaten
Satz: Fotosatz Amann, Memmingen
Druck und Bindung: Druckerei C.H.Beck, Nördlingen
Printed in Germany
ISBN 978 3 406 74353 5

myclimate

klimaneutral produziert
www.chbeck.de/nachhaltig

Inhalt

Einleitung: Der amerikanische Bürgerkrieg im internationalen Kontext

Am Ende stand die Frage nach dem Sinn, nach dem Warum des vieltausendfachen Leidens, des massenhaften Elends und Sterbens, das über weite Teile der Vereinigten Staaten gekommen war. Ganze Landstriche im oberen Süden, in Virginia, im Mississippital oder in Georgia, waren wüst und leer. Angesichts einer mangelhaften Statistik lässt sich bis zum heutigen Tage kaum genau angeben, wie viele Menschen dem vierjährigen Schlachten tatsächlich zum Opfer gefallen waren. Die Schätzungen schwanken zwischen 400 000 und 1,1 Millionen Toten – die Mehrheit der Forscher geht heute von ca. 640 000 Toten aus, manche halten 900 000 Tote für realistischer –, die Kriegskosten dürften sich auf 3,5 bis 8 Milliarden Dollar belaufen haben, zu denen noch 3 Milliarden Dollar an Veteranenpensionen hinzukamen. Damit zählte der amerikanische Bürgerkrieg der Jahre 1861 bis 1865 zu den blutigsten und teuersten militärischen Auseinandersetzungen des 19. Jahrhunderts, neben dem Taiping-Aufstand in China, den Napoleonischen Kriegen in Europa und dem Tripel-Allianz-Krieg in Lateinamerika. Mitunter wurde sogar die These aufgestellt, er habe bereits die systematische und totale technologische Kriegführung des Ersten Weltkriegs vorweggenommen. Obwohl diese These in jüngerer Zeit mehr und mehr relativiert werden musste, bleibt doch die Erkenntnis, dass es sich um einen epochalen Krieg handelte, nicht allein für die amerikanische Geschichte. Der Bürgerkrieg stand typologisch an der Schnittstelle zwischen dem gehegten dynastischen Krieg des 18. Jahrhunderts, dem bürgerlichen National- und Volkskrieg des 19. Jahrhunderts und dem ideologisch-technologischen Massenkrieg des 20. Jahrhunderts. Seine Bedeutung wurde freilich in Europa bald von den ganz anders gearteten Erfahrungen der deutschen und italienischen Einigungskriege zwischen 1859 und 1871 überlagert, weswegen die Lehren aus dem amerikanischen Konflikt im Grunde erst 1914 zur Gänze gezogen werden konnten. Doch obwohl die europäischen Militärs und Zivilisten das Geschehen in den USA nicht richtig ernst nahmen, standen die Amerikaner vor den Trümmern ihres Staatswesens und waren dadurch regelrecht gezwungen, sich den drängenden Fragen nach den Ursachen und der Bedeutung dieses schmerzlichen und opferreichen Ringens zu stellen.

Die Diskussion der Ursachen und der Bewältigungsstrategien wird dementsprechend auch wesentliche Teile dieser knappen Untersuchung ausmachen. Gleichzeitig aber wird es darum gehen, die Kampfhandlungen im engeren Sinn sowie ihren kulturellen und technologischen Kontext zu verdeutlichen. Ein Krieg ist mehr als die Summe seiner Schlachten. Im Krieg kämpfen und leiden Menschen, manchmal langweilen sie sich auch einfach nur. Es werden Emotionen entfacht, um sie zu motivieren, Propaganda steht neben nicht selten banaler Lagerunterhaltung. Schließlich bedarf es im Krieg technischer Mittel, man benötigt Waffen, Munition, Nachschub, entsprechende Transportmittel und eine ausgefeilte Logistik. All dies wird im Folgenden in der gebotenen Kürze dargelegt werden.

Ein Punkt kann allerdings aufgrund der Konzentration auf die komplexe inneramerikanische Gemengelage nur angerissen werden, obwohl er seine eigene Bedeutung hat: die internationalen, ja globalen Zusammenhänge, in welche der amerikanische Bürgerkrieg eingebettet war. Bei dem blutigen Ringen ging es auf der politischen Ebene um die nationale Einheit und territoriale Integrität des Staatswesens, im sozioökonomischen Bereich um die Durchsetzung des kapitalistischen Marktparadigmas und auf der soziokulturellen Ebene um die Etablierung einer vorwiegend bürgerlichen Gesellschaft mitsamt den dazugehörigen Wertesystemen. Diese drei strukturellen Prozesse blieben nun indes zu keinem Zeitpunkt auf die USA beschränkt, obgleich sie im Laufe des frühen 19. Jahrhunderts spezifisch amerikanische Züge annahmen. Sie waren ganz im Gegenteil Ausfluss eines anhaltenden historischen Trends, der die westeuropäischen und nordamerikanischen Gesellschaften, in Ansätzen aber auch

Gesellschaften jenseits dieses nordatlantischen Kulturraums spätestens seit Beginn der Industriellen Revolution erfasst hatte. Zudem waren die Ideen von der einen und unteilbaren, durch eine Verfassung konstituierten, marktwirtschaftlich organisierten, bürgerlich dominierten Nation allesamt Produkte einer in wachsendem Maße als fortschrittlich empfundenen liberal-aufgeklärten Weltanschauung, die eine aggressive Dynamik zu entfalten vermochte und gegenüber sämtlichen traditional legitimierten Partikularismen eine in hohem Maße militante Unduldsamkeit an den Tag legte. So ist es kein Zufall, dass der moderne, territorial vereinheitlichte Nationalstaat wesentlich als das Produkt von Kriegen und Bürgerkriegen angesehen wird, wie es neben dem amerikanischen Bürgerkrieg etwa der Schweizer Sonderbundskrieg, die deutschen und italienischen Einigungskriege sowie die bürgerlichen Revolutionen der Zeit nach 1789 nahelegen. Ähnliches gilt für die innenpolitischen und gesellschaftlichen Konflikte des 19. Jahrhunderts, die endlosen Streitigkeiten zwischen Liberalen und Konservativen, Katholiken, Sozialisten, Juden und Freimaurern, die alle eines gemeinsam hatten: Sie galten mit Blick auf den liberalen Einheitsstaat als unsichere Kantonisten, als Verfechter einer scheinbar obsolet gewordenen Partikularität. In den Vereinigten Staaten wurde die gerade im Hochimperialismus global feststellbare rabiate Aggressivität des liberalen Kapitalismus noch durch die früh einsetzende Fundamentalpolitisierung der gesamten Gesellschaft ab etwa den 1820er und 1830er Jahren, die Radikalität des evangelikal-apokalyptischen Enthusiasmus derselben Jahre und den daraus resultierenden Moralismus der Diskussionen über die brennende Sklavenfrage inmitten einer durch industrielle Modernisierungsprozesse prekären gesamtgesellschaftlichen Situation erheblich angeheizt. Angesichts der damit verbundenen Unfähigkeit, Uneindeutigkeiten und gesellschaftliche Abweichungen zu ertragen, war das konservativ-revolutionäre Experiment der Freiheit und Gleichheit weißer Männer, als welches die junge Republik in Gestalt einer konföderativen Union begonnen hatte, bereits frühzeitig zum Scheitern verurteilt. Im Scheitern der Tradition aber zeigte sich dann die relative Funktionstüchtigkeit der bürgerlich-kapitalistischen Demokratie und des Nationalstaates, der nach dem Bürgerkrieg allmählich an die Stelle der republikanischen Union des späten 18. Jahrhunderts trat. Das bedeutete gleichwohl weder, dass der liberale Nationalstaat die einzige, noch, dass er eine vollkommene Alternative zum überkommenen System gewesen wäre. Insbesondere konnte er gerade im Fall der USA nicht den hehren ethischen Ansprüchen gerecht werden, mit denen er angetreten war. Dies lag sowohl an gesellschaftlichen und konstitutionellen Widerständigkeiten, die einen vollständigen Übergang zum nationalen Einheitsstaat auf egalitärer Grundlage verhinderten, als auch an dem inhärenten Streben des liberalen Nationalismus nach Expansion und Marktkontrolle, das schließlich in den Ersten Weltkrieg mündete. Für die 1830er bis 1870er Jahre war dies indes noch nicht absehbar. Vielmehr drehte sich das Geschehen im Bewusstsein der Zeitgenossen um die Suche nach einer Form von staatlicher Organisation und sozioökonomischer Ordnung, die den Strukturbedingungen der Zeit mitsamt ihrem rapiden Wandel angemessen erschien. Ohne Konflikt aber war der Wandel angesichts harscher gesellschaftlicher Widersprüche und wirtschaftlich machtvoller Opposition offenbar nicht zu bewältigen. Diesem tragischen Transformationsprozess, der gleichermaßen global wie national war, will der vorliegende Band nachspüren.

I. Ein unvermeidbarer Konflikt: Die Vorgeschichte

1. Das geteilte Haus: Strukturunterschiede zwischen Nord und Süd

Wann immer zwischen den Jahrzehnten um 1780 und 1870 ausländische Beobachter einen Blick auf die Vereinigten Staaten warfen, fielen ihnen zwei zentrale Punkte auf: der Wandel der Lebensverhältnisse und die Differenz zwischen Nord und Süd. Ein Zeitreisender aus dem Mittelalter hätte kaum Probleme gehabt, sich in der amerikanischen Gesellschaft des ausgehenden 18. Jahrhunderts zurechtzufinden. Die USA, wie weite Teile Europas und des Rests der Welt, waren weiterhin ein agrarisch geprägtes Land mit ein paar wenigen mittelgroßen Städten. Der Lebensrhythmus war von der landwirtschaftlichen Produktionsweise, dem Wetter und den schlechten Transport- und Kommunikationsbedingungen geprägt. Was zum Beispiel in Washington, der Hauptstadt des Landes, geschah, erfuhren die Bewohner des flachen Landes, vor allem, wenn sie an der stetig nach Westen vorrückenden Grenze, der *frontier*, lebten, oft erst Wochen später, wenn es niemanden mehr interessierte. Gewiss, es existierten bereits erste technologische Errungenschaften, insbesondere im Bereich der Baumwollproduktion, aber dessen ungeachtet unterschied sich das Bild der Bauernhöfe, Weiler und Dörfer kaum von dem des späten Mittelalters oder der frühen Neuzeit. Bereits dreißig oder vierzig Jahre später hingegen, um 1830, war schon vieles anders geworden. Binnen einer Generation hatten sich die USA massiv und radikal verändert. Die Grundlage für diesen abrupten und radikalen Wandel hatten unter anderem Politiker wie Alexander Hamilton und Henry Clay gelegt, deren Vision eines kontinental integrierten *American System* gleichermaßen infrastrukturelle wie kommunikative, technologische und operative Maßnahmen umfasste. Gerade Clay, einer der führenden Politiker der Ära vor dem Bürgerkrieg und vielleicht der bedeutendste amerikanische Politiker, der nie Präsident geworden ist, dachte schon frühzeitig konsequent in den Kategorien eines liberalen Nationalismus. In seinen Augen sollte eine zentrale *Bank of the United States* die finanzpolitischen Voraussetzungen für ein nationales Straßen- und Kanalbauprogramm schaffen, das wiederum dazu beitragen würde, die für die Durchsetzung des Marktkapitalismus notwendigen Rahmenbedingungen zu schaffen. Tatsächlich wurde einiges von diesen weitgefassten Plänen bereits in den ersten Jahrzehnten des 19. Jahrhunderts gegen heftige Widerstände lokaler und regionaler Politiker durchgesetzt, die an der überkommenen Form der *face to face society* mit ihrer Betonung von unmittelbaren Produzenten-Konsumentenbeziehungen anstelle des abstrakten Marktes festhalten wollten. Vor allem der Bau des 1825 fertiggestellten Erie-Kanals im Staate New York sowie erste zwischenstaatliche Straßenprojekte deuteten an, wohin eine künftige Verdichtung der Infrastruktur die Union noch führen könnte. Ab den 1840er Jahren kam der Eisenbahnbau als entscheidender Stimulus für die weitere wirtschaftliche Entwicklung hinzu. Er begünstigte den Transport von Erzen und Kohle, aber vor allem verlangte er gebieterisch nach Ingenieurskenntnissen, einer ausgefeilten Technik, um Eisen und Stahl zu verhütten und zu verarbeiten, sowie nach einem umfangreichen und leistungsfähigen holzverarbeitenden Gewerbe.

Der von Hamilton und Clay initiierte und gewünschte Wandel wurde obendrein durch neue Technologien, nicht zuletzt im Bereich der Kommunikation, wesentlich begünstigt. Allen voran waren es die Erfindung des Telegrafen sowie die des Morsealphabets in den 1830er Jahren, welche die Kommunikation auf kontinentaler wie interkontinentaler Ebene mittelfristig verdichteten und damit revolutionierten. Für die Union bedeutete dies, dass erstmals in ihrer noch kurzen Geschichte politische und andere Nachrichten in Sekundenschnelle von einem Teil des Landes in einen anderen übertragen werden konnten. Man erfuhr die Dinge nicht nur schneller, es kamen überdies mehr Nachrichten an. Auf diese Weise veränderten sich die wechselseitigen Wahrnehmungen innerhalb der Union. Hatten sich einst Menschen aus Georgia, Indiana und Massachusetts bestenfalls oberflächlich füreinander interessiert, rückten nun ihre jeweiligen politischen Interessen und gesellschaftlichen Wirklichkeiten mehr ins Zentrum der Aufmerksamkeit. Man wurde sich dementsprechend nicht allein der Ähnlichkeiten, sondern vielmehr der Unterschiede innerhalb der Union bewusst. Dieser Prozess wurde durch die Veränderungen in der Presselandschaft noch intensiviert. Die USA hatten bereits im 18. Jahrhundert weltweit zu den Staaten mit der höchsten Alphabetisierungsquote in der Bevölkerung gezählt, Relikt einer protestantischen Gründertradition, für die das Lesen der Bibel im Zentrum ihres Glaubens gestanden hatte. Um 1830 konnten über 90 Prozent der Amerikaner in den Nordstaaten und immerhin rund 75 Prozent der weißen Bevölkerung des Südens lesen und schreiben, beste Ausgangsbedingungen für ein lebendiges Zeitungswesen. Mit der Schulreformbewegung der 1830er Jahre vergrößerte sich diese Zahl im Norden sogar noch einmal. Dank der Telegrafie und der Erfindung der Rotationspresse kam dann zusätzlicher Schwung in die Informationslandschaft der frühen Republik, was wiederum die im Vergleich zu Westeuropa ausgesprochen rasch einsetzende Fundamentalpolitisierung der weißen männlichen, teilweise aber auch weiblichen Bevölkerung beförderte. Nachrichten waren jedoch über das Feld der Politik hinaus für die wirtschaftliche Entwicklung, insbesondere die Anfänge des Börsenwesens und damit des Kapitalmarktes, unabdingbar. Kommunikation, Transport und Kapitalmarkt waren absolut notwendige Voraussetzungen für das Werden der Nation.

Anders als in Kontinentaleuropa mussten die Amerikaner nicht erst Binnenzölle abschaffen, um zwischen den Staaten der Union den freien Warenverkehr herzustellen. Dies begünstigte schon früh, ab etwa 1820, das Entstehen eines nationalen Marktes, was manche Historiker dann als «Marktrevolution» bezeichnet haben. Mag der Ausdruck ein wenig hochgegriffen sein, so kann gar kein Zweifel an der Relevanz des zugrunde liegenden Phänomens bestehen. Dank der sich ausweitenden Baumwollproduktion, die eng mit der entstehenden Textilindustrie in den Neuenglandstaaten, beispielsweise in Massachusetts, verbunden war, wurden die USA sogar zu einem globalen Akteur in der von Großbritannien beherrschten Weltökonomie. In Zahlen: Zwischen 1790 und 1850 stieg der Wert US-amerikanischer Exporte von 20 auf 152 Millionen Dollar, während gleichzeitig die Importe von 23 auf 178 Millionen Dollar anwuchsen; die Leistungsbilanz der Union war also chronisch defizitär. Dennoch gelang es den Vereinigten Staaten, dem Status einer bloß rohstofferzeugenden Zulieferwirtschaft mit halbkolonialem Status zu entkommen, indem eine eigene, zunehmend leistungsfähigere Industrieproduktion aufgebaut wurde, allerdings auf Kosten hoher Schutzzölle. Die amerikanische Frühindustrialisierung erfolgte gerade nicht nach der reinen Lehre der Marktwirtschaft. Um 1825 war der amerikanische Staat der mit Abstand größte Unternehmer im Land. Erst im Laufe der folgenden Jahrzehnte emanzipierte sich das freie Unternehmertum. Die amerikanische Produktion war stark von der mexikanischen Silberförderung und dem britischen Opiumhandel zwischen Indien und China abhängig, vor allem aber von der britischen und französischen Textil- und Luxusgüterproduktion, wie die verheerenden Folgen der Weltwirtschaftskrise von 1837 belegten. Ungeachtet solcher regelmäßig auftretender Krisen wuchs die amerikanische Industrie mit einigem Schwung. Zum Textilwesen traten seit den 1840er Jahren eisenverarbeitende Betriebe hinzu, ja selbst die Ölproduktion lief schon vor 1860 an.

Der anhaltende Aufstieg der amerikanischen Industrie wiederum erzeugte einen starken Bedarf an Arbeitskräften, der durch die massenhaften Einwanderungswellen der Jahre ab 1840 hinreichend gedeckt werden konnte. So wuchs die Bevölkerung des Landes von circa 12,8 Millionen Menschen im Jahr 1830 auf 31,4 Millionen im Jahr 1860. Ein erheblicher Anteil der Neuankömmlinge waren, im Gegensatz zum 17. und 18. Jahrhundert, keine relativ wohlhabenden angelsächsischen und protestantischen Briten mehr, sondern arme irische Katholiken, die der großen Hungersnot auf der Grünen Insel entfliehen wollten, und Deutsche. Fast alle kamen, von wenigen Ausnahmen nach den europäischen Revolutionen von 1848/49 abgesehen, als Wirtschaftsflüchtlinge, die weniger individuelle Freiheit als ein gutes Auskommen für sich und ihre Familien suchten. Ein erheblicher Teil, vermutlich über 30 Prozent, kehrte denn auch den USA wieder den Rücken. Der gewaltige Zustrom an Menschen und die mit ihm verknüpfte wachsende kulturelle und konfessionelle Vielfalt im Lande brachten erhebliche gesellschaftliche Unruhen mit sich, die sich mitunter gewaltsam entluden. Fremdenfeindliche, insbesondere antikatholische, Bewegungen entstanden. Zwischen 1834 und 1860 kam es beständig zu Übergriffen gegenüber Katholiken und anderen religiösen Minderheiten, etwa den Mormonen. Zusätzlich entstanden in den großen Städten, deren Bewohner oft mehrheitlich gar nicht in den USA geboren waren, kriminelle Banden auf ethnischer Grundlage, die sich gelegentlich in regelrechten Kleinkriegen mit Messer und Pistole bekämpften. Die amerikanische Gesellschaft der Zeit vor dem Bürgerkrieg war unruhig und gewalttätig, wenigstens in ihren urbanen Zentren. Neben den brennenden sozialen Problemen, Armut, Alkoholismus, fehlender Bildung, stand die weltanschauliche Frage, was denn überhaupt ein guter Amerikaner sei, im Mittelpunkt der Debatten.

Die Antwort auf dieses Grundsatzproblem wurde indessen durch die Hauptschwierigkeit des Landes, die großen Unterschiede innerhalb der Union, erschwert. Grob gesagt umfasste sie drei Landesteile, die, in sich mannigfach gegliedert, in struktureller und kultureller Hinsicht deutlich voneinander abwichen: den neuenglischen und mittelatlantischen Norden von Maine bis Pennsylvania, den Süden und die beständig wandernden Grenzregionen im Westen, die sich noch einmal deutlich von den beiden an der Ostküste liegenden Gebieten abhoben, aber weithin noch nicht staatlich organisiert waren. Aus der Perspektive der beiden anderen Teile war der Westen auf der kulturellen Ebene ein imaginativer Ort der Sehnsucht, ein Quell moralischer, an klassischen Tugenden ausgerichteter, aber nichtsdestotrotz fortschrittsorientierter Erneuerung im Kampf mit den Mächten der Natur, gesellschaftlich ein Ventil für Überbevölkerung und politisch Mittelpunkt des Kampfes um die Expansion von Sklavenhalterwirtschaft oder Kapitalismus und Freibauerntum. Sein ganz eigener Charakter, der sich etwa im gewalttätigen, mitunter genozidalen Umgang mit den an der Grenze lebenden Indianern niederschlug, war nur selten Gegenstand unionsweiter Debatten. Nur wenn, wie in den späten 1840er Jahren in Kalifornien, Unruhen, Gewalt und Genozid Hand in Hand gingen und das totale Chaos drohte, rückten die Realitäten des Westens verstärkt in das Blickfeld der medialen Öffentlichkeit. Dies aber erlaubt es, sich im Folgenden vorrangig mit den beiden klassischen Regionen, Nord und Süd, entlang der Ostküste zu beschäftigen.

Unterschiedlicher hätten zwei Landesteile nicht ausfallen können. Nahezu der gesamte bislang geschilderte Strukturwandel der amerikanischen Gesellschaft spielte sich nämlich im Norden ab. Dort lagen, etwa in Lowell, Buffalo oder Poughkeepsie, frühindustrielle Produktionszentren, dort befanden sich die Mittelpunkte des Finanzkapitalismus, besonders in New York, aber auch in den Händlerstädten Philadelphia und Boston, dort befanden sich die Überseehäfen, die den amerikanischen Markt mit dem Rest der Welt verbanden. Mit den industriellen, finanziellen und Handelsmetropolen verfügte der Norden über das Gros der urbanen Bevölkerung der Vereinigten Staaten, obwohl auch hier die Masse der Bewohner, über 80 Prozent, auf dem Land oder in Klein- und Mittelstädten lebten. Dennoch: Hatten 1790 in New York noch 33 000, in Philadelphia 44 000 und in Boston 18 000 Menschen gelebt, so waren es 1860 in New York 814 000 (ohne weitere 267 000 Einwohner von Brooklyn), in Philadelphia 566 000, in Boston 178 000 und in Cincinnati, der Königin des Westens, 161 000 Menschen. Im Süden hingegen herrschte ein ebenso chronischer wie dramatischer Mangel an urbanen und industriellen Zentren. Sieht man von New Orleans mit 1860 immerhin 169 000 Einwohnern, Baltimore, Richmond und möglicherweise Birmingham einmal ab, war die Region durch eine rein landwirtschaftliche Produktionsweise charakterisiert. Charleston in South Carolina, 1790 noch mit 16 000 Bewohnern die viertgrößte Stadt der USA, war sogar zu einer mittleren Provinzstadt herabgesunken. Darüber hinaus spielten sich die Transport- und Teile der Kommunikationsrevolution ganz überwiegend im Norden ab. Dort entstanden Straßen, Kanäle, Dampfschifffahrts- und Eisenbahnlinien. Immerhin profitierte der Süden wenigstens von den Telegrafen und den positiven Aspekten der amerikanischen Postbehörde. In der Folge strömte die Mehrheit der Einwanderer in die Städte des Nordens, wo sich ihnen – entgegen der auf Landbesitz zielenden tugendrepublikanischen Ideologie eines Thomas Jefferson oder Andrew Jackson – deutlich mehr wirtschaftliche Chancen eröffneten als im Süden oder Westen. Insbesondere die Iren neigten dazu, sich in größeren Städten anzusiedeln. Ein höherer Wohlstand des Nordens war mit dieser ungleichen industriellen und städtischen Entwicklung aber erst einmal nicht verbunden. Man wird vielmehr darauf hinweisen müssen, dass die Einkommensverteilung in allen Teilen des Landes ungleich verlief. Im Norden lebten reiche Yankeekapitalisten in den Großstädten neben bitterarmen irischen Lohnarbeitern, während auf dem Lande kleine Freibauern ihr Auskommen suchten. Im Süden hingegen profitierte eine winzige Oberklasse von sklavenhaltenden Großgrundbesitzern in den Küstengebieten, die rund ein bis fünf Prozent der Gesamtbevölkerung ihrer Staaten ausmachten, in unglaublicher Weise von der globalen Vernetzung ihrer Baumwollproduktion, vor allem seit in den 1820er Jahren ein weltweiter Baumwollboom eingesetzt hatte. Demgegenüber lebten nichtsklavenhaltende Kleinbauern in den gebirgigen Piedmontregionen der Appalachees meist ebenso kümmerlich wie ihre nördlichen Leidensgenossen, um von der miserablen wirtschaftlichen Situation der Sklaven gar nicht erst zu reden. Generell wird man daher feststellen können, dass trotz der Produktivität der Sklavenhalterwirtschaft vor den 1850er Jahren das Gros des amerikanischen Bruttosozialprodukts ebenso im Norden produziert wurde, wie man dort relativ über ein höheres Einkommen verfügte als im Süden.

Eng verbunden mit der divergierenden soziostrukturellen und ökonomischen Entwicklung, bildeten sich im Norden und im Süden der USA allmählich abweichende kulturelle Wertvorstellungen heraus. Im Norden fand sich mehr und mehr eine bürgerlich-protestantische Arbeitsethik im Sinne von Max Weber, die von innerweltlicher Askese, Gewinnstreben und dem Ideal der egalitären Bürgertugend gekennzeichnet war. Allerdings gilt dies nur mit erheblichen Einschränkungen. Zum einen handelte es sich um ein urbanes Ideal angelsächsisch-weißer und protestantischer Mittelklassen. Arbeiter, Handwerker, vor allem aber ethnisch-religiöse Minderheiten teilten dieses Gedankengut nicht mit der Selbstverständlichkeit, die man von ihnen seitens ihrer Arbeitgeber aus den Mittelklassen erwartete. Dadurch entwickelte sich die bürgerlich-kapitalistische Ethik des «Yankee» in den frühen Jahrzehnten des 19. Jahrhunderts relativ schnell zu einem Instrument der rigiden Sozialdisziplinierung, das bei vielen, besonders katholischen Migranten, auf erhebliche Widerstände stieß. Dies sollte die spätere Koalition südstaatlicher Plantagenbesitzer mit katholischen Arbeitern des Nordens in der Demokratischen Partei erleichtern, da beide Gruppen über ein großes Potenzial an weltanschaulicher Widerständigkeit gegenüber der abstrakten kapitalistischen Marktordnung verfügten, obschon die Großgrundbesitzer des Südens faktisch ebenso kapitalistisch produzierten und handelten wie die Yankeefabrikanten Neuenglands. Zum anderen stieß der neue Geist des bürgerlich-liberalen Kapitalismus über die Benachteiligten des Systems hinaus auf ideologisch oder religiös motivierte Bedenken. Kulturkritische Diskurse über die Allmacht des Dollars, den Materialismus der amerikanischen Gesellschaft mit ihrer Vergötzung des Gewinnstrebens sowie die Kaltschnäuzigkeit und Scheinheiligkeit von Fabrikanten, die sich philanthropisch gaben, in Wahrheit aber ausbeuterisch handelten, fanden sich nicht allein in elitären Intellektuellenkreisen, sondern zählten zum Grundbestand der Zeitungsdebatten jener Tage. Dadurch konnten die tonangebenden Klassen des Südens auf dieser kulturkritischen, kulturpessimistischen und kapitalismusskeptischen Ebene durchaus hier und da auf Zustimmung unter Nordstaatlern hoffen. Denn die kulturell wie sozial dominanten Sklavenhalter des Südens bemühten sich, ihre Lebenswelt in strenger Übereinstimmung mit der Tradition und den republikanischen Vorstellungen des 18. Jahrhunderts, also der Epoche der verklärten Gründerväter der Republik, zu inszenieren. Sie, die Großgrundbesitzer, waren demnach die wahren Erben eines George Washington oder Thomas Jefferson, während die bürgerlich-urbanen Eliten des Nordens bestenfalls Abfallprodukte einer im Kern unerwünschten und mit republikanischen Werten nicht zu vereinbarenden Fehlentwicklung darstellten. Paradoxerweise führte dies einerseits dazu, dass man im Süden wenigstens auf der Ebene weißer Männer strikt an den egalitären und meritokratischen Idealen der Revolution festhielt und die Solidarität der Weißen untereinander betonte, sich aber auf der anderen Seite als Aristokratie darstellte. Den gesellschaftlichen Realitäten entsprach dies nicht, denn die soziale Mobilität des Südens konnte durchaus mit derjenigen des Nordens konkurrieren. Während dort die etablierten Familien der *Boston Brahmins*, der niederländischen Aristokratie und der Abkömmlinge der *Mayflower*-Puritaner zum Teil noch im 20. Jahrhundert den Ton angaben – man denke nur an die Cabots, die Lodges, die Huntingtons, Roosevelts und Frelinghuysens –, gelang es nur sehr wenigen Familien der südstaatlichen Pflanzeraristokratie, sich auf Dauer ganz oben zu positionieren. Dies hing in erster Linie mit den wirtschaftlichen Unwägbarkeiten der verschiedenen Rohstoffbooms zusammen. Hatten im 17. und 18. Jahrhundert noch die tabak-, reis- und indigopflanzenden Herren aus Virginia, Maryland und North Carolina gesellschaftlich und wirtschaftlich dominiert, so verschoben sich im 19. Jahrhundert die Gewichte in den Süden und Südwesten, nach South Carolina, Mississippi, Alabama und Louisiana. Ein signifikanter Elitenaustausch war die unmittelbare Folge, ohne dass dies im aristokratischen Selbstverständnis der herrschenden Südstaatler reflektiert worden wäre. In ihrer Selbstzuschreibung blieben sie Aristokraten, Kavaliere, die sich in jeder Hinsicht von den Emporkömmlingen aus dem Norden unterschieden und den Anspruch erhoben, die wahren Amerikaner zu sein. Auch ihre Frauen, auf deren herausragende Schönheit sie manches Lied sangen, seien besser als alles, was der Norden hervorbringe.

Die Selbststilisierung als großgrundbesitzende Aristokratie ließ die Führungsschicht des Südens auch an anderen, teilweise gleichwohl neu gedeuteten Besonderheiten ihrer politischen Kultur festhalten. An erster Stelle stand dabei die anhaltende Wertschätzung der extralegalen Volksgewalt im Sinne der frühneuzeitlichen europäischen Tradition. Hierzu zählten das Duell und das *lynching* in seinen verschiedenen Formen. Im Duell, und hierin lag der Wandel gegenüber den feudalaristokratischen Vorbildern aus Europa, wurde allerdings weniger das Standesprivileg des Duellanten herausgestrichen als seine Fähigkeit, in einem egalitär-demokratischen Rahmen Männlichkeit, Mut, Tapferkeit, Kaltblütigkeit und Standhaftigkeit zu demonstrieren, sich also als militärischer und politischer Führer zu beweisen. Das Duell war meritokratisch umgedeutet worden. Beim *lynching*, von dem vor 1865 primär weiße Männer im Süden und Westen betroffen waren, drehte es sich demgegenüber um das Recht des einfachen Volkes, des «Umstandes», wie man in der Frühneuzeit gesagt hatte, sich in Gebieten mit schwach ausgeprägter Staatlichkeit selbst Recht zu verschaffen, sei es aus familiären Gründen, oder weil Verbrecher die gegebene Ordnung bedrohten. Ein *lynching* musste nicht notwendig tödlich enden, aber da Gesellschaft und Kultur des Südens ähnlich gewalttätig waren wie in den nördlichen Städten, fanden doch relativ viele Menschen bei Duellen und *lynchings* den Tod. Im Hintergrund beider stand ein traditionales Ehrkonzept, das so im Norden eigentlich nur noch bei den Verbrecherbanden ethnischer Minderheiten vorkam, die sich ebenfalls an vormodernen Gewaltkodizes aus Europa, vor allem aus Großbritannien, zu orientieren pflegten. Dieser gemeinsame Rekurs erleichterte dann in den 1850er Jahren erneut die Kooperation beider höchst unterschiedlicher sozialer Formationen in der Demokratischen Partei. Indem sich die Südstaatler als meritokratische Ehrenmänner inszenierten, setzten sie sich deutlich vom Bürgertum des Nordens ab, das keinen entsprechenden Ehrbegriff mehr kannte und diesen weithin durch ein bourgeoises Tugendkonzept ersetzt hatte. Dieses Konzept war wesentlich innengeleiteter als das Denken in den Kategorien der Ehre, die ja immer die Ehre in den Augen der anderen war. Insofern diente der südstaatliche Ehrdiskurs als Abgrenzungsinstrument. Innerhalb des Südens konnte er hingegen integrativ genutzt werden, da es jedem weißen Mann offenstand, sich dieses Konzeptes zu bedienen.

Allerdings funktionierte das integrative Potenzial des Ehrdiskurses nur vor dem spezifischen Hintergrund der sogenannten *colour line*, also einer auf rassischer Distinktion aufbauenden Gesellschaftsordnung. Nur weiße Männer kamen demnach in den Genuss der Privilegien einer auf Rasse beruhenden Gesellschaftspyramide. Wenigstens der Theorie nach waren die weißen Männer gleich, indem und da sie sich von den Schwarzen, gleichgültig, ob sie frei oder versklavt waren, absetzen konnten. Es war nicht nur die Sklaverei, die im Herzen der südstaatlichen Gesellschaft verankert war, sondern der Rassismus. Nach den Vorstellungen und Rechtsinstitutionen der südstaatlichen Angelsachsen zählte jeder, der mindestens ein farbiges Großelternteil hatte, dessen «Blut» also zu einem Achtel «schwarz» war, zu den Schwarzen. Das aber bedeutete, dass die entsprechende Person kein Bürger werden konnte und potenziell immer unter dem Damoklesschwert der Versklavung stand. Einzig in den französisch dominierten Teilen des Südens, in Louisiana und in den

Küstenregionen von South Carolina, wo sich Hugenotten und Royalisten angesiedelt hatten, die vor der Französischen Revolution oder dem großen Sklavenaufstand in Haiti 1791 ausgerechnet in die amerikanische Republik geflohen waren, galten andere Regeln. Hier unterschied man nicht strikt zwischen schwarz und weiß, sondern folgte einem rechtlich fixierten Drei-Kasten-System von schwarz, weiß und farbig, wobei die Kategorie farbig in vielerlei Zwischenstufen je nach Hautfarbe und Mischungsverhältnis unter den Ahnen eingeteilt war. An der Spitze dieser frankophonen Gesellschaft inmitten der USA standen die extrem rassestolzen und standesbewussten französischen Kreolen, die selbst weiße Franzosen aus Kanada, die akadischen *cajuns*, als minderwertig verachteten. Derartige Konflikte änderten indes nichts an der absoluten Dominanz der rassistischen Integrationsideologie des Südens seit den 1820er Jahren, zeigen aber, wie komplex die jeweiligen politischen und kulturellen Konstellationen in sämtlichen Teilen der USA waren.

Einen weiteren Unterschied zwischen Nord und Süd stellte die Religion dar. Nicht, dass die Mehrheit der weißen (und schwarzen) Amerikaner nicht ähnlichen, überwiegend calvinistischen Bekenntnissen angehört hätte. Katholiken stellten überhaupt nur im Norden der USA einen nennenswerten Bestandteil der Gesellschaft dar, in weiten Teilen des Südens, mit Ausnahme von Maryland, Kentucky, Tennessee und dem frankophonen Louisiana, war der Katholizismus praktisch nicht vertreten. Im Norden hingegen, gerade in den großen Städten und im Raum Cincinnati-Milwaukee, stellten katholische Migranten einen erheblichen Anteil an der Bevölkerung, was zu den bereits genannten massiven antikatholischen Bewegungen führte, die in den 1850er Jahren in Gestalt der nativistischen (fremdenfeindlichen) *American Party* Gouverneure, Abgeordnete und Bürgermeister stellten. Aber der Antikatholizismus sollte den Bürgerkrieg nicht auslösen. Ungleich wichtiger war das evangelikale und apokalyptische Erweckungsfieber, das vom Westen New Yorks und den Grenzgebieten Kentuckys her zwischen 1790 und 1860 durch die Union toste. Ursprünglich hatte es das ganze Land gleichermaßen erfasst und eher verbindend als trennend gewirkt. Um 1830 herum änderte sich jedoch das Bild. Anders als im Süden wandte sich die Mehrzahl der Prediger im Norden der postmillenaristischen Strömung des apokalyptischen Enthusiasmus zu. Dieser beinhaltete einen sozialreformerischen Aktionismus, der angesichts der sozialen Probleme in den urbanen Zentren des Nordens regelrecht befreiend wirkte. Die Postmillenaristen glaubten nämlich, es sei angesichts des nahenden Endes der Zeiten ihre religiöse Pflicht, für eine perfekte Gesellschaft zu sorgen. Deswegen verbanden sie sich mit liberal-aufgeklärten Philanthropen, die bereits seit den 1780er Jahren ähnliche Ziele, nur weitaus weniger radikal, verfolgten. Wo die Liberalen beispielsweise für Mäßigung im Alkoholgenuss warben, traten die Evangelikalen für das Totalverbot alkoholischer Getränke, die Prohibition, ein. Auf diese Weise fanden sich evangelikal Erweckte, besonders Frauen aus der angelsächsischen Mittelklasse, in großer Zahl in sämtlichen gesellschaftlichen Reformbewegungen der neuenglischen städtischen Gesellschaft. Sie traten für eine Humanisierung des Strafvollzugs, Armenhäuser, die Schulreform, die Abschaffung der Todesstrafe, die Sonntagsruhe und am Ende auch für die Abschaffung der Sklaverei, den Abolitionismus, ein. Die Sklavenhaltung wurde als Sünde angesehen, die Sklavenhalter mutierten zu Sündern, die der Wiederkunft Christi im Wege standen. Im Süden jedoch wurde diese Entwicklung aufgrund der ganz anders gearteten soziokulturellen Ausgangsbedingungen nicht mitvollzogen. Hier blieb die Erweckungsbewegung individualistisch und verweigerte sich schlichtweg dem sozialen Perfektionismus der Nordstaatler. Von einer Kritik der Sklaverei konnte keine Rede sein. Ganz im Gegenteil begann man nun ab den 1830er Jahren im Süden zu lehren, die Sklaverei sei eine Institution göttlichen Rechts und ihre Abschaffung Sünde. Damit standen zwei gänzlich unterschiedliche christliche Erweckungsbewegungen einander mit der ganzen Schärfe ihrer Rhetorik unversöhnlich gegenüber. Im Laufe der Jahrzehnte bis zum Bürgerkrieg nahmen nahezu sämtliche amerikanischen Konfessionen die Spaltung des Landes vorweg, indem sie institutionell getrennte Wege gingen. Allein die Katholiken bemühten sich im

Interesse der Einheit der Union, die Sklavenfrage theologisch und politisch zu entschärfen, indem sie sie in aller Regel einfach übergingen. Trotzdem wäre es übertrieben, den religiösen Spannungen die Schuld am Ausbruch des Bürgerkriegs zu geben. Die Radikalität der erweckten theologischen Argumentation hat gewiss nicht dazu beigetragen, die Union zu stabilisieren. Aber die nördlichen Evangelikalen waren in ihrer Mehrheit wenig militant. Sie ließen lange die Bereitschaft erkennen, die Union aufzugeben und den sündhaften Süden ziehen zu lassen. Für den Krieg plädierten sie erst, als er bereits ausgebrochen war.

In den 1840er und 1850er Jahren wurde es immer schwieriger zu definieren, was ein guter Amerikaner eigentlich war und welchen Werten er (oder sie) genau folgen sollte. Dies machte es für Einwanderer und Alteingesessene gleichermaßen schwer, sich zu orientieren. Die Intensität der Debatten über amerikanische Identität, wie man heute sagen würde, trug erheblich zu jener angeheizten Stimmung bei, die 1861 im Bürgerkrieg kulminieren sollte. Allerdings kannte die politische Kultur der Union durchaus verbindende Elemente, insbesondere den beständigen Appell an die kollektive Erinnerung der Revolution, der Verfassung und des Zeitalters der Gründerväter. Der 4. Juli, der Tag der Unabhängigkeitserklärung im Jahre 1776, wurde alljährlich zum Anlass für prächtige Feiern genommen, in deren Verlauf sich die Amerikaner ihrer Gründungsgeschichte erinnerten und sich die Errungenschaften der Revolution, Republikanismus, Bürgertugend, Fortschritt, Freiheit und Menschenrechte in leidenschaftlichen und pathetischen Reden vergegenwärtigten. Am Gedenktag zu Washingtons Geburtstag fanden vergleichbare Feste statt. Diese Feiern und Festreden etablierten überhaupt erst die amerikanische Zivilreligion, indem sie eine gemeinsame Semantik und Bildersprache des amerikanischen Unionspatriotismus schufen. Von herausragender Bedeutung waren dabei zusätzlich die Verfassung und die Unabhängigkeitserklärung, beide keine säkularen Dokumente mehr, sondern im Wortsinn heilige Schriften. Auf sie und das ihnen zugrunde liegende Freiheitsverständnis konnte sich jeder einigen. Allerdings trat im Laufe der Jahrzehnte ein Problem der amerikanisch-patriotischen Zivilreligion immer drängender in den Vordergrund: Jeder interpretierte sie nach seinem Gusto. Was um 1820 noch vereinigend wirkte, wurde um 1855 bereits trennend ausgelegt.

Vergleichbares gilt für das sogenannte zweite amerikanische Parteiensystem, das um 1830 noch zur Einheit der Union beigetragen hatte, um 1860 aber ihren Zerfall beschleunigte. Entstanden war es nach dem Untergang der Einparteienherrschaft der *Democratic Republicans* nach 1828. Diese Einheitspartei war nach dem Krieg gegen Großbritannien von 1812 entstanden und hatte in ihren Reihen sowohl die alten, vom agrarutopischen Ideengut Thomas Jeffersons gespeisten *Old Republicans* als auch die Befürworter der Unionsverfassung von 1791, die *Federalists,* vereinigt. Außerhalb der Einheitspartei existierten nur noch wenige *High Federalists*, einstige Anhänger Alexander Hamiltons, zum Beispiel der Oberste Bundesrichter John Marshall. Dadurch hatte sich bereits um 1815 die ursprüngliche weltanschauliche Gliederung des amerikanischen Parteiensystems grundlegend verschoben, ohne dass indes die strukturellen Gegensätze, welche gegen die ursprüngliche Intention der Gründerväter überhaupt erst dazu geführt hatten, Parteien zu gründen, verschwunden gewesen wären. Tatsächlich waren bereits zu Beginn der 1820er Jahre, im Gefolge der wirtschaftlichen Panik von 1819, parteiinterne Spannungen ideologischer Natur erkennbar. Es war keineswegs so, wie gerne behauptet wird, dass die amerikanischen Parteien ideologiefrei gewesen wären. Sie unterschieden sich gleichwohl von den europäischen Parteien einerseits durch ihren konsequenten Aufbau von unten nach oben, wodurch es der unionsweiten Führung an weltanschaulicher Durchsetzungskraft gebrach. Dies führte dazu, dass auf regionaler Ebene ganz unterschiedliche Koalitionen jeweils aus Anlass nationaler Wahlen zu einer gemeinsamen Plattform fanden. Andererseits nutzten die amerikanischen Parteien diese strukturelle Divergenz, um sich als weltanschauliche Mischparteien zu präsentieren, die je nach Ort, Situation und Anliegen wahlweise auf liberal-individualistisches oder tugendrepublikanisch-gemeinschaftsorientiertes Gedankengut zurückgriffen. Auf diese Weise gelang es nach 1828 erst den liberal-konservativen *National Re-*

publicans auf der einen Seite und den republikanisch-egalitären *Democratic Republicans* auf der anderen Seite und dann den ab 1834 entstandenen *Whigs* und *Democrats*, der im Fluss befindlichen amerikanischen Gesellschaft eine parteipolitisch begründete Struktur zu geben. Fast jeder noch so kleine Ort verfügte über eine Zeitung der Demokraten und eine der Whigs; selbst die Feiern zum 4. Juli wurden von den Parteien gelegentlich separat organisiert. Der große Vorteil dieses zweiten Parteiensystems war freilich sein unionsweiter Charakter. Beide Parteien waren in sämtlichen Regionen, wenn auch mit rivalisierenden Flügeln, vertreten. Die Demokraten, die sich im Laufe der 1830er und 1840er Jahre schrittweise zu einer genuin konservativen Partei entwickelten, vertraten die Interessen südstaatlicher Sklavenhalter, westlicher Freibauern, der katholischen Arbeiterschaft und der unteren Mittelklassen in den Städten des Nordens, die Whigs hingegen standen für die Interessen des neuenglischen Finanzkapitals, der Evangelikalen, des protestantischen Kleingewerbes und jener unionstreuen Sklavenhalter im oberen Süden und Louisiana, insbesondere der Kreolen, die aus ganz verschiedenen Motiven entweder mit den Iren oder mit dem Parteiführer Andrew Jackson nichts anfangen konnten beziehungsweise dessen Reformrhetorik vom *common man* entweder – und völlig zu Recht – für die Grundlage eines parteipolitisch motivierten Klienteldenkens oder für revolutionären Attentismus hielten. In seinen Anfängen war das zweite Parteiensystem stark an Personen ausgerichtet. Man war Demokrat, weil man für den Kriegshelden und Demagogen Andrew Jackson war, man wurde Whig, weil man ihn ablehnte oder hasste. Dies überdeckte die Sklavereiproblematik bis in die 1840er Jahre hinein, als die Demokraten sich zur konservativen Partei des Einzelstaatenpartikularismus und der traditionalen, vorkapitalistischen Wirtschaftsform, die Whigs sich aber zur liberalen, nationalen und kapitalistischen Partei wandelten. Beide bekannten sich indes zur Massendemokratie und zum allgemeinen Wahlrecht und sorgten damit für ein relativ stabiles Fundament der Union. Allerdings verfochten sie widersprüchliche Konzepte nationaler Identität. Während die Demokraten das Amerikanische über die

Zugehörigkeit zur weißen Rasse definierten und darum weiße, katholische Migranten sogar aus Irland in ihren Reihen willkommen hießen, neigten die Whigs dazu, weitere Voraussetzungen für die Integration von Zuwanderern, etwa das Bekenntnis zu protestantisch-angelsächsischen Werten wie Freiheit und Republikanismus, zu verlangen, was viele Migranten abstieß und nur die politischen Flüchtlinge aus Europa anzog, die in der nachrevolutionären Phase zwischen 1848 und 1852 in die USA kamen. Aber Ideologie war nur ein Aspekt des Parteiwesens. Vorrangig handelte es sich um Klientelverbände, die durch Ämterpatronage und Korruption für eine gewisse politische und soziale Stabilität sorgten und damit – besonders bei den Demokraten mit ihren urbanen Parteimaschinen – durchaus effiziente Integrationsleistungen vorweisen konnten. Erst als die Sklavenfrage alles andere überwucherte, brach die integratorische Kraft dieses vormodernen Parteiensystems abrupt zusammen.

2. We the People ...: Konflikte um die amerikanische Verfassung

Bereits die Frage, ob man überhaupt eine stärkere Unionsregierung und damit eine neue Unionsverfassung benötigte, hatte zwischen 1787 und 1791 das amerikanische Volk oder genauer: die Bewohner der amerikanischen Staaten entzweit und zur Entstehung des ersten Parteiensystems geführt. Entsprechend trug die Verfassung dann auch alle Merkmale eines Kompromisses. Überhaupt hatten die Gründerväter viele Fragen unbeantwortet gelassen: Waren die USA zuvörderst ein Staatenbund oder ein Bundesstaat? Konnte ein Einzelstaat die Union wieder verlassen? Wenn ja, wie und unter welchen Bedingungen? Konstituierten die Staaten oder das Volk die Union? Wie sollte die Verfassung ausgelegt werden, eng, dem Wortlaut entsprechend, oder hatten das Oberste Bundesgericht oder die Bundesregierung die Möglichkeit, einzelne Passagen der Verfassung breiter auszulegen? Die Antwort auf all diese Probleme lieferte erst der Ausgang des Bürgerkrieges. Vor 1865 war keinesfalls klar, welche juristische Meinung galt. Dies hatte zur Konsequenz, dass die Schwierigkeiten mit der Verfassung recht opportunistisch und instrumentell gehandhabt werden konnten. Personen und Parteien schwankten je nach Umständen in ihrer Interpretation. Hatten 1798 im Konflikt um die verfassungsrechtlich äußerst fragwürdigen *Alien and Sedition Acts* noch die *Democratic Republicans* um Thomas Jefferson und James Madison mit der Nullifizierung von Bundesgesetzen und indirekt mit dem Austritt aus der Union gedroht, so schlugen 1814 auf der *Hartford Convention* ausgerechnet die nationalistischen *High Federalists* in diese Kerbe, weil sie den Krieg gegen Großbritannien des nunmehr zum Präsidenten avancierten Madison nicht mehr mittragen wollten. Vor diesem Hintergrund traten die Angehörigen der Kongressgeneration von 1810, allen voran John C. Calhoun und Henry Clay, als leidenschaftliche Verfechter der Union auf, während Daniel Webster sich als *nullifier* präsentierte. In den 1820er Jahren änderten sich die Fronten wieder. Mit dem globalen Baumwollboom war die Produktion von Baumwolle zu einem einträglichen Geschäft geworden, von dem der untere Süden, besonders aber South Carolina profitierte. Dies führte bei dem Vertreter South Carolinas im Senat zu einem extremen Meinungswechsel. Ab 1828 bekannte sich John C. Calhoun zum Primat der Einzelstaatenrechte, während Daniel Webster sich wiederum zum Unionsnationalisten entwickelte. Theoretisch begründete Calhoun seine Position mit zwei Argumenten: Zum einen berief er sich in hegelianischer Manier auf die unteilbare Einheit der staatlichen Souveränität, um dann, zum anderen, zu erklären, dass die Souveränität bei den Einzelstaaten und nicht bei der Union liege, da die Union von den schon existierenden Staaten freiwillig gegründet und entsprechend nur eine abgeleitete Größe sei. Folgerichtig könnten die Staaten mit qualifizierter Mehrheit Gesetze der Union ablehnen und im Extremfall sogar austreten. Die Gegner, besonders Webster, beriefen sich demgegenüber auf die Präambel der Verfassung, wonach das amerikanische Volk in seiner Ganzheit die Union gegründet hatte, nicht aber die Einzelstaaten. Demnach hatten die Staaten kein Recht, Bundesgesetze zu nullifizieren, und ein Austritt kam nur infrage, wenn das gesamte Volk das Anliegen billigte. Dies stimmte mit dem Wortlaut der Verfassung überein, ließ aber gänzlich außer Acht, dass die Formulierung der Präambel nicht dogmatisch, sondern vollkommen kontingent war. Da bei Unterzeichnung der Verfassung nicht klar war, welche Staaten der Union beitreten würden, hatte man den ursprünglichen Text, der von den Staaten und nicht vom Volk sprach, einfach abgeändert.

In der Praxis hatte Calhouns Theorie einen deutlich pragmatischeren Hintergrund. Infolge der wirtschaftlichen Divergenzen zwischen Nord und Süd hatte der Norden ein intensives Interesse an Schutzzöllen, welche seine industrielle Produktion vor der Einfuhr billiger britischer Exporte sichern sollten. Hinzu trat, dass sich der amerikanische Bundesstaat nahezu ausschließlich über Zolleinnahmen finanzierte, da Steuern nur auf Landbesitz erhoben wurden. Wer eine starke Union mit aktiven Eingriffen in Wirtschaft und Infrastruktur haben wollte, musste demnach für gesteigerte Zolleinnahmen sorgen. Genau dies aber widersprach fundamentalen Interessen des Südens. Dessen Großgrundbesitzer zumindest wollten ihre Baumwolle auf dem Weltmarkt verkaufen und dafür britische und französische Luxusgüter einkaufen, wodurch sie maßgeblich zum permanenten Leistungsbilanzdefizit der USA beitrugen. Dies aber bedeutete nichts anderes, als jede Zollerhöhung notwendig ablehnen zu müssen. 1828 hatte nun Martin van Buren, ein Gefolgsmann Jacksons aus dem Staate New York und organisatorischer *mastermind* der Demokraten, eine solche Zollerhöhung aus wahltaktischen Gründen durchgesetzt. Die *tariffs of abomination*, wie sie, nicht ohne Grund, im Süden genannt wurden, sollten den Süden lediglich gegen die *National Republicans* und ihr etatistisches Wirtschaftsprogramm im Stile von Henry Clays *American System* aufbringen, um die Chancen Andrew Jacksons bei den anstehenden Wahlen zu erhöhen. Aber van Burens Schachzug geriet außer Kontrolle. In South Carolina setzte sich Calhoun, wie van Buren am persönlichen Aufstieg in der zukünftigen demokratischen Administration interessiert, an die Spitze einer Protestbewegung. South Carolina erklärte, jeder Staat habe das Recht, Unionsgesetze für nichtig zu erklären. Damit war noch kein Sezessionismus verbunden, da Calhoun, auf den die Nullifikationslehre zurückging, nur daran dachte, solche Gesetze zu annullieren, die von zwei Dritteln aller Bundesstaaten abgelehnt wurden. Die neuere Forschung geht sogar davon aus, dass er mit seinem Vorstoß radikaleren Kräften um Thomas Cooper, der ebenfalls aus South Carolina stammte, im Interesse einer partikularistisch verfassten Union das Wasser abgraben wollte. Diesmal zog die Mehrheit des Südens nicht mit, obwohl South Carolina 1832 den Zoll von 1828 und den Kompromisszoll John Quincy Adams' von 1832 tatsächlich nullifizierte. Noch fehlte es an einer klaren Interessenidentität und einem ebenso klaren Feindbild, das den gesamten Süden zusammengeschweißt hätte. Jackson tat darüber hinaus einiges, um etwa Georgia auf seine Seite zu bringen, indem er der Vertreibung der dort ansässigen zivilisierten Indianerstämme der Cherokee, Choctaw, Chicasaw, Creek und Seminolen nach Oklahoma zustimmte. Ab 1831 kam er überdies einigen südstaatlichen Vorbehalten gegenüber dem abstrakten kapitalistischen Markt und einer inflationären Geldpolitik durch seinen Kampf gegen die *Second Bank of the United States* entgegen, die er schließlich zerschlug. Sowohl in der Indianerpolitik als auch im sogenannten *Bank War* positionierte sich Jackson gegen nationalistische Gegner, den Obersten Bundesrichter John Marshall und den Bankpräsidenten Nicholas Biddle. Zugleich allerdings verwies er Calhoun und dessen Nullifikationslehre in die Schranken und betonte einen Unionspatriotismus, der Einzelstaatenrechte und eine starke Bundesregierung in ein pragmatisches Gleichgewicht bringen wollte. Dieser Ansatz Jacksons wurde für die folgenden Jahrzehnte zum maßgeblichen Ideal der Demokraten, zumal er die Sklavenfrage ausklammerte. South Carolina blieb isoliert, Calhoun wechselte zeitweilig zu den Whigs, um sich kurz darauf wieder bei den Demokraten einzufinden. Den USA blieb nach 1832 vorerst eine weitere Verfassungskrise erspart. An dem Grundproblem hatte sich gleichwohl nichts geändert. Die Ideen, die 1860 wirksam wurden, waren um 1830 schon vorhanden.

Parallel zu diesen Konflikten rückte zudem das ungelöste Sklavereiproblem immer mehr in den Mittelpunkt der verfassungsrechtlichen Aufmerksamkeit. Dabei schwieg sich die Verfassung, dem reinen Wortlaut nach, über die *peculiar institu-*

tion, die «besondere Institution» des Südens, aus. Das Wort Sklaverei oder Sklave wurde in dem Text von 1787 nicht ein einziges Mal erwähnt. Ein Grund dafür lag in der Überzeugung selbst der meisten sklavenhaltenden Gründerväter der Republik, die Sklaverei sei aus wirtschaftlichen und moralischen Gründen in einer Zeit wachsender Aufklärung gewissermaßen von Natur aus dazu bestimmt zu vergehen. Für den Norden traf dies zu. Schrittweise hatten alle Nordstaaten, beginnend mit New Hampshire, die Sklaverei ab 1778 verboten, darunter auch New York, der Bundesstaat nördlich der Mason-Dixon-Linie, in dem am meisten Sklaven gelebt hatten. Ferner war durch die *Northwest Ordinance* von 1787 die Einführung der Sklaverei in den Territorien des alten Nordwestens untersagt. Deswegen wurde ihrer nur an drei Stellen der Unionsverfassung indirekt gedacht. In Artikel I, Sektion 9 hieß es etwas umständlich formuliert: «the migration or importation of such persons as any of the states now existing shall think proper to admit, shall not be prohibited by the Congress prior to the year 1809». Damit war nichts anderes gemeint, als dass 1809 die Einfuhr von Sklaven aus Afrika verboten werden würde. Dies war für den Süden gewiss unangenehm, aber keineswegs verheerend, da die USA weltweit das einzige Land waren, in dem sich die Sklavenpopulation durch eigene Reproduktion vermehrte. Überdies war es denkbar, Sklaven aus dem oberen Süden, dessen Plantagenproduktion drastisch zurückging, in den tiefen Süden zu verkaufen und auf diese Weise den dortigen Mangel an Arbeitskräften zu beheben. Interessanterweise hat man in den USA, trotz fortlaufender illegaler, aber höchst profitabler Sklaventransporte aus Afrika, an denen Amerikaner aus beiden Landesteilen ebenso beteiligt waren wie Spanier und Portugiesen, nur vereinzelt daran gedacht, diesen Passus der Verfassung und das anschließende Gesetz von 1808 außer Kraft zu setzen. Sogar die Konföderierten Staaten hielten in ihrer Verfassung von 1861 an dieser Bestimmung fest, obwohl Radikale aus dem tiefen Süden 1858 dagegen opponiert hatten. Mit Humanität hatte dies freilich nichts zu tun, sondern mit der britischen *Royal Navy*. In Großbritannien hatte sich seit dem Beginn des 19. Jahrhunderts die abolitionistische Bewegung durchgesetzt. Nicht nur war der Sklavenhandel auf britischen Schiffen 1807 verboten worden, 1834 wurde die Sklaverei im gesamten britischen *Empire* verboten, und die britische Marine machte auf sämtlichen Weltmeeren Jagd auf Sklavenhändler und ihre Schiffe. Und die Briten meinten es ernst. Da es sich niemand in den USA und später in der Konföderation mit ihnen verderben wollte, hielt man in Washington und Richmond an der einmal getroffenen Entscheidung fest.

Der zweite Passus der Verfassung, der sich indirekt mit der Sklaverei beschäftigte, war demgegenüber weitaus kontroverser. Artikel I, Sektion 1 bestimmte nämlich, dass die Anzahl der Wahlberechtigten sowie die davon abhängige Zahl der Abgeordneten des Repräsentantenhauses zu bestimmen sei, indem man zur Gesamtzahl der freien Personen drei Fünftel der in einem nicht befristeten Dienstverhältnis stehenden Personen, unter Ausschluss der Indianer, addierte. Das besagte nichts anderes, als dass die Sklaven in den Südstaaten zwar nicht wählen durften, aber zu 60 Prozent zu den Wahlberechtigten ebendieser Staaten hinzugezählt wurden. Für den Süden war dies wichtig, da er auf diese Weise neben der stets angestrebten Parität im Senat auch im Repräsentantenhaus überrepräsentiert blieb, was auf politischer Ebene zu einer dauerhaften Dominanz des Südens im Washington der Antebellumära führte. Im Norden jedoch sah man in dieser Bestimmung eine unmoralische Ungerechtigkeit, welche zudem die wirtschaftlichen Interessen der freien Staaten berührte. Hier waren weitere Konflikte vorprogrammiert.

Aus ethischer Perspektive war die letzte der drei Verfassungsbestimmungen am dramatischsten, da Artikel IV, Sektion 2 es wiederum in verklausulierten Worten verbot, geflohene Sklaven aufzunehmen. Alle Einzelstaaten wurden verpflichtet, Flüchtlinge wieder an die vorigen Besitzer auszuliefern. Anfangs regten sich nur wenige Amerikaner darüber auf, da die Heiligkeit und Unantastbarkeit des Privateigentums zu den liberalen Gründungsdogmen der Union zählten. Dennoch häuften sich seit den 1840er Jahren Fälle, in denen sich zum Teil empörende und unmenschliche Szenen in amerikanischen Großstädten abspielten, wenn südstaatliche Sklavenjäger, manchmal ohne klaren Beweis der Eigentumsverhältnisse, auf offener Straße weinende Frauen und schreiende Kinder gefangen nahmen. Mitunter kam es zu Selbstmorden ganzer Familien. Angesichts dieser Tragödien tendierten selbst Sympathisanten des Südens dazu, diese Verfassungsklausel für amoralisch und obsolet zu halten, was umgekehrt die südlichen Sklavenhalter empörte, die sich um ihr Eigentum betrogen sahen. Wie immer detailliert oder vage die Verfassung mit der Sklavenproblematik umging, vieles blieb schlicht ungelöst und bot somit hinreichend Stoff für eine fast obsessive Beschäftigung mit der Thematik.

3. Das Haus zerfällt: Der Konflikt um die Sklaverei seit 1820

Der historische Zufall fügte es, dass ausgerechnet am 4. Juli 1826 binnen weniger Stunden der zweite und der dritte Präsident der Vereinigten Staaten von Amerika, Thomas Jefferson und John Adams, starben. Mit ihnen verließen zwei Heroen der Revolutionszeit die politische Bühne, nur ein Unterzeichner der Unabhängigkeitserklärung, Charles Carroll of Carrollton, lebte noch. Die Gründerzeit der USA ging für jeden sichtbar zu Ende, zumal auch von den Verfassungsvätern nur noch James Madison, inzwischen ein überzeugter Nationalist, und der zum Nihilismus tendierende ironische Skeptiker John Randolph aus Virginia am Leben waren. Aber hatten die Revolutionäre von 1776 wirklich ein gut bestelltes Haus hinterlassen? Auf den ersten Blick sah es gar nicht übel aus. Nach einigen Schwierigkeiten hatten die USA sich eine brauchbare Verfassung gegeben, sie expandierten nach Westen, zeigten eine ungeahnte wirtschaftliche Überlebensfähigkeit und hatten sogar einen weiteren Krieg mit Großbritannien vergleichsweise unbeschadet überstanden. Aber bereits der zweite Blick deutete erste Sollbruchstellen an. Wie in Europa und anderen Teilen der Welt schien das vorgeblich eherne Gesetz des Fortschritts auch die USA zu nötigen, sich aus der bunten Vielfalt traditionaler, vormoderner und frühneuzeitlicher Lebensformen in die starren Zwänge und Konformitäten des liberalen und kapitalistischen Nationalstaates zu begeben. Diese kulturelle, politische, gesellschaftliche und wirtschaftliche Transformation vom Primat des Partikularen zur Universalität des Einheitsstaates vollzog sich in aller Regel gewalttätig. In den USA jedoch, und dies lehrte dann der dritte Blick, trat eine spezifische Differenz hinzu, die ansonsten nur noch Brasilien, Kuba und Teile Afrikas aufzuweisen hatten: die Sklaverei. Es war die Sklavenfrage und sonst nichts, die dem binnenamerikanischen Konflikt ihren unübersehbaren Stempel aufdrückte; sie war das innere Prinzip der Entwicklung, das alles andere überformte. Nach 1865 und bis heute haben verspätete Anhänger der Konföderation ebenso hartnäckig wie lautstark behauptet, der Bürgerkrieg sei ein Kampf für die Freiheit der Einzelstaaten gewesen, was gewiss nicht völlig falsch ist. Aber damit gingen sie hinter die zuweilen brutale Offenheit ihrer Vorväter zurück, die ganz ungeniert zugaben, dass der *War between the States*, wie man ihn allerorten bis in die 1980er Jahre nannte, sich um die *peculiar institution*, die besondere Institution des Südens, drehte. Das aber war die Sklaverei und nichts anderes. Dies bedeutete freilich keineswegs, dass die auf dem Unterschied von Sklavenhalterwirtschaft und kapitalistischer Ökonomie beruhenden Differenzen zwischen Nord und Süd ausschließlich trennend gewesen wären. Es gab tiefgreifende Divergenzen zwischen den Interessen des Finanzkapitals in Philadelphia und vor allem New York einerseits und denen der jungen Industrien Neuenglands. Während die Mittelatlantikstaaten vom Sklavenhandel profitierten, sahen viele Industrielle, ganz wie die freien Farmer des Mittleren Westens, in der Sklaverei primär eine Konkurrenz. Entsprechend sympathisierten viele Bewohner von Philadelphia und New York mit der Sklaverei, während die neuenglischen Eliten ihr kritisch gegenüberstanden.

1850 lebten rund 3,6 Millionen Schwarze in den USA. Sie machten 15,7 Prozent der Gesamtbevölkerung aus, und der ganz überwiegende Teil davon waren Sklaven, die zumeist im Süden der USA lebten. Nur New York, New Jersey und Ohio verfügten über größere Populationen freier Schwarzer. In vielen Bundesstaaten des Nordens und Westens, so zum Beispiel in Illinois oder Indiana, war der Zuzug von Schwarzen entweder ungern gesehen oder gesetzlich verboten. Rassismus war beileibe kein Alleinstellungsmerkmal des amerikanischen Südens. Das Bild der Sklaverei war von der Parteien Hass und Gunst bestimmt. Während südstaatliche Sklavenhalter und ihre Unterstützer gerne erklärten, die Schwarzen seien wie Kinder und müssten in einem paternalistischen System mit einer gewissen Strenge erzogen und behütet werden, beschrieben Abolitionisten den Süden wortreich und mit moralischem Pathos als eine Stätte des Grauens, in der peitschenschwingende Herren ihre männlichen Sklaven misshandelten und ihre Sklavinnen vergewaltigten, um auf diese Weise den menschlichen Nachwuchs für ihre wirtschaftlichen Interessen zu erhalten. Das propagandistische Bild der Abolitionisten kam in vielen Fällen der Realität näher als die idyllischen Schilderungen der Sklavenhalter, die aber häufig durchaus ernst gemeint waren. Viele *master* und *mistresses* sahen in ihren Sklaven Mitglieder ihrer *family black and white*. Oft genug durften Sklavenkinder mit den Kindern ihrer Herrschaft spielen, ehe sie dann auf die Felder geschickt wurden. Manche Haussklaven erfreuten sich eines außerordentlich privilegierten Status, ebenso die Kutscher, die für die Kommunikation der Sklaven zwischen den verschiedenen Plantagen sorgten und nicht selten als christliche Prediger fungierten. Aber die Verteidiger der Sklaverei übersahen, wie sehr das System als Ganzes die zwischenmenschlichen Beziehungen im Süden korrumpierte und wie verlogen der Anspruch auf Erziehung und paternalistische Familiarität war, wenn am Ende nichts stand als permanente Unfreiheit, das Verbot, Lesen und Schreiben zu lernen, und die Gefahr, dass Familien willkürlich und aus reinem Streben nach Profitmaximierung auseinandergerissen werden konnten. Hinzu kam, dass es in den USA, anders als in den katholischen Ländern mit Sklaverei in Lateinamerika, kaum eine Möglichkeit gab, sich freizukaufen oder freigelassen zu werden. Die Amerikaner hatten sich seit dem Beginn des 19. Jahrhunderts diese Chance eines friedlichen Übergangs verbaut, indem sie nach einer Serie kleinerer Sklavenrevolten die gesetzlichen Möglichkeiten zur Manumission drastisch einschränkten und dies durch einen organisch-essenzialistischen Rassismus ideologisch abstützten.

Der Protest gegen die Sklaverei setzte erst spät ein und blieb selbst im Norden durchweg Sache einer winzigen, radikaler werdenden Minderheit. Der Abolitionismus war im England des aufgeklärten 18. Jahrhunderts entstanden, als ein gemeinsames Projekt liberaler, philanthropischer Mittelklassenreformer und der Quäker. Von dort aus schwappte er binnen weniger Jahre nach Nordamerika über, wo sich ihm dieselbe Klientel zuwandte. Diese Frühform des Abolitionismus war trotz ihres hohen humanitären und moralischen Anspruchs außerordentlich moderat und bis etwa 1820 mehrheitlich unter Quäkern verbreitet, die im Süden der Union lebten. Ihnen war es nicht um eine sofortige und entschädigungslose Enteignung der Sklavenhalter zu tun, sondern um eine graduelle Entlassung der Sklaven in die Freiheit, da auch die Philanthropen und Quäker von der prinzipiellen Heiligkeit und Unantastbarkeit des Privateigentums überzeugt waren. Darüber hinaus planten sie für die befreiten Schwarzen auch keine Zukunft in den Vereinigten Staaten, sondern in Afrika. Das friedvolle Zusammenleben zweier oder mehr andersartiger Rassen erschien vielen Menschen des 18. und 19. Jahrhunderts undenkbar. Vielmehr prägte der apokalyptisch anmutende Topos vom unvermeidlichen Rassenkrieg seit den 1840er Jahren den öffentlichen Diskurs. 1817 wurde deswegen die *American Colonization Society* (ACS) gegründet, der sich Thomas Jefferson, James Madison, Henry Clay und später Abraham Lincoln anschlossen. Die gradualistische, auf allmähliche Abschaffung der Sklaverei abhebende ACS erwarb nach dem Vorbild des britisch-abolitionistischen Territoriums Sierra Leone 1822 das Gebiet von Monrovia im heutigen Liberia und begann, dort freigelassene Sklaven anzusiedeln, was in einer humanitären Katastrophe für alle Beteiligten endete. Nur etwa 12 000 Schwarze wanderten bis 1860 in den ihnen vollkommen fremd gewordenen Kontinent aus. Insbesondere die Quäker formierten, unterstützt von einigen Baptisten, Methodisten und Presbyterianern, darüber hinaus ein Netzwerk, das im Laufe der Zeit den Namen *underground railroad* erhielt. Diese Untergrundorganisation half seit den 1790er Jahren Sklaven bei der Flucht in den Norden. Einige blieben dort, gegen die Verfassungsbestimmungen gedeckt und unterstützt von lokalen Behörden und wohlwollenden Philanthropen, andere zogen sofort nach Britisch-Nordamerika (das heutige Kanada) weiter, wo sie objektiv sicherer waren. Im Süden reagierte man auf diese Aktivitäten gleichermaßen wütend und besorgt, vor allem aber mit Gewalt. Abolitionisten wurden gelyncht, geteert und gefedert, verprügelt, ausgepeitscht oder aus der Stadt gejagt, ihre Druckerpressen zerstört und der postalische Vertrieb abolitionistischen Schrifttums wurde unterbunden.

Aber nicht nur seitens der Südstaatler und ihrer nördlichen demokratischen und irischen Verbündeten kamen die Gradualisten unter Druck. Auch im eigenen Lager regte sich seit den 1820er Jahren von vier Seiten Opposition: Erstens sammelte sich eine Gruppe freigeistiger Radikaler um William Lloyd Garrison und seine Unterstützer, die wohlhabenden Brüder Lewis und Arthur Tappan aus Boston. Sie forderten ein sofortiges, immediates Ende der Sklaverei, ohne dass den Sklavenhaltern für ihren Eigentumsverlust eine Entschädigung gezahlt werden sollte. Weltanschaulich waren sie Anhänger der liberalen Aufklärung, ihre Argumente speisten sich aus dem Arsenal von Humanität und Vernunftmoral. 1831 gründeten sie die Zeitung *The Liberator*, 1833 die *American Anti-Slavery Society* (AAS), die bald zur wichtigsten Trägerorganisation der *underground railroad* und zum Objekt intensiven und unmenschlichen Hasses seitens der Befürworter der Sklaverei wurde. Aber Garrison, der sich entgegen dem Zeitgeist nicht scheute, freie und entflohene Schwarze ebenso wie Frauen aus der Mittelklasse in seine Organisation einzubinden, fand weiteren Zuspruch. Im evangelikalen Lager fand sich zweitens eine von den beiden charismatischen Wanderpredigern Charles Grandison Finney und Lyman Beecher angeführte Gruppe, die sich ebenfalls zum Immediatismus der sogenannten Ultras bekannte. Das Zentrum dieser leidenschaftlich und apokalyptisch-postmillenaristisch argumentierenden protestantischen Prediger, für die Sklaverei Sünde und ihre Abschaffung Vorbedingung einer perfekten, für die Wiederkunft Christi offenen Gesellschaft war, befand sich in Oberlin, einem College im Mittelwesten. Diese Evangelikalen bildeten zudem den geistigen Hintergrund für eines der erfolgreichsten populärkulturellen Produkte des Abolitionismus, den Roman

Uncle Tom's Cabin von Harriet Beecher Stowe, einer Tochter Lyman Beechers, aus dem Jahre 1852. Den Anspruch dieses Buches vermag man bereits daran zu erkennen, dass die Autorin immer behauptete, Gott selber habe es geschrieben. Allerdings war es weniger das Buch als das von George Aiken verfasste Theaterstück, das den ganz großen Erfolg brachte. Die dritte Personengruppe, die den Gradualismus attackierte, bestand aus früheren Sklaven, die zum Teil über die *underground railroad* in den Norden gekommen waren. Zu ihnen zählten der hochintelligente und rhetorisch begabte Frederick Douglass und die nicht minder öffentlichkeitswirksame Sojourner Truth, die durch den Norden zogen und vor Abolitionisten über die Unmenschlichkeit der Sklaverei vortrugen. Unterstützt wurden sie von den Schwestern Sarah und Angelina Grimké, den Töchtern einer Sklavenhalterfamilie, die über die Sittenlosigkeit der Südstaatler referierten und auf diese Weise das stereotype Bild vom Süden der USA als großem Bordell bestätigten. Schließlich wandten sich auch viele Kleinbauern des Mittelwestens dem abolitionistischen Gedankengut zu, wobei sie zwischen Gradualismus und Immediatismus schwankten. Diese *Free Soiler* fürchteten die wirtschaftliche Konkurrenz derjenigen Farmer, die sich auf Sklavenarbeit stützen konnten. Zwar blieb der immediatistische Abolitionismus bis zum Bürgerkrieg auf eine kleine Minderheit im Norden beschränkt, aber dies reichte aus, um die Befürworter der Sklaverei zu noch mehr Gewalt anzustacheln. In der Wahrnehmung der Südstaatler und vieler Demokraten waren die radikalen Abolitionisten Fanatiker, Revolutionäre, notorische Unruhestifter oder einfach Irre.

Aber die Befürworter der Sklaverei beschränkten sich nicht auf Gewalt. Zusätzlich bemühten sie sich, ihren Standpunkt zu systematisieren und zu ideologisieren. Dies konnte mit dem Verweis auf die biblischen Grundlagen der Sklaverei im Alten und Neuen Testament geschehen, indem man etwa auf die Verfluchung Hams und Kanaans im Buche Genesis (die sogenannte Hamitenhypothese, Gen. 9, 18–29) rekurrierte. Die Afrikaner galten nach biblischer Auffassung als Nachfahren Hams. Doch dieser Gedanke war weit weniger verbreitet, als Historiker lange dachten. Seit den 1840er Jahren neigte man eher zu pseudonaturwissenschaftlichen Argumentationen im Rahmen eines organisch-essenzialistischen Rassismus. Gemäß diesen Theorien führte etwa Rassenmischung (*miscegenation*) erst zum sittlichen Verfall, zur körperlichen Degeneration und dann zum Ende der weißen Rasse, wenn sie nicht vorher im Rassenkrieg unterging. Das Schlagwort von der Rassenmischung als Utopie der Abolitionisten, die doch selbst meist rassistisch dachten, wurde zur Zusammenhalt generierenden ideellen Grundlage der Sklavereibefürworter schlechthin. Der halbpornographischen Rede vom Süden als Bordell setzten sie ihrerseits den nicht minder pornographischen Gedanken von den Abolitionisten als Rasseschändern entgegen. Hinzu trat eine weitere Theorie, nämlich die Polygenese. Nach dieser Ansicht entstammten Schwarze und Weiße gänzlich anderen Ursprüngen, zählten also nicht zu einer biologischen Art. Dies begründete die natürliche Unterlegenheit der schwarzen und die ebenso natürliche Überlegenheit der weißen Rasse. In einer moderateren Variante wurde den Schwarzen zwar zugestanden, dem Menschengeschlecht anzugehören, sich aber entwicklungsgeschichtlich nicht wesentlich vom Affen weiterentwickelt zu haben. Da sie dem monogenetischen Schöpfungsbericht des Buches Genesis widersprach, lehnten sämtliche christlichen Denominationen und die katholische Kirche die Polygenese mit bemerkenswerter Einheit strikt ab. Ein letztes Argument hob mehr auf die aus der Frühindustrialisierung resultierende soziale Frage ab und spielte mit der Idee des Paternalismus. Die *pro-slavery*-Ideologen bezichtigten die bürgerlichen Anhänger des Abolitionismus der Heuchelei. Während sie Krokodilstränen über das Schicksal der Schwarzen vergössen, kümmerten sie sich nicht um das armselige Leben ihrer Arbeiter in den Fabriken. Dieser Gedankengang fand unter eingewanderten Katholiken und radikalen Arbeitern, den Locofocos, unter Iren zumal, eine reiche Anhängerschaft, da man in dieser Klasse die befreiten Schwarzen als Konkurrenten um Arbeitsplätze und als Streikbrecher fürchtete – und dies nicht ohne Grund. Allerdings übertrieben einige Südstaatler, beispielsweise George Fitzhugh, den Gedanken, als sie forderten, man solle weiße Arbeiter in ihrem eigenen Interesse ebenfalls versklaven und unter die paternalistische Kuratel der Sklavenhalter stellen. Das war für niemanden mehr akzeptabel, zeigt aber, wie in den 1840er und 1850er Jahren in den Kreisen der Sklavereibefürworter ein Schub von Irrationalität und psychotisch anmutender Politikunfähigkeit um sich griff. Jeder noch so abseitige Angriff auf die Sklaverei wurde als Angriff auf die Ehre des Südens empfunden, selbst wenn sich weit und breit in der Union keine Mehrheit für die Abschaffung der Sklaverei fand.

Um die ging es im politischen Bereich auch zu keiner Zeit. Den politischen Gegnern der Sklaverei ging es eher um Gradualismus als um Immediatismus, vor allem aber wollten sie eine weitere Ausdehnung der Sklaverei und damit der politisch-ökonomischen Macht des Südens verhindern. Der Süden umgekehrt hatte ein vitales Interesse zumindest an einer Parität der Macht zwischen Nord und Süd, das hieß an weiteren Sklavenstaaten. Ein Blick auf die Landkarte aber belehrte jeden, dass es da schlecht um den Süden bestellt war. Die Sklaverei rentierte sich nur in Gebieten, in denen Baumwollplantagen angelegt werden konnten, dies aber war in den Territorien des *Louisiana-Purchase*, also des 1803 von Frankreich gekauften Territoriums des Mississippi- und Missouri-Flusssystems, nur sehr beschränkt der Fall. Gerade die Prärien und die Berge der Rocky Mountains eigneten sich nicht für die Plantagenwirtschaft. Auf absehbare Zeit mussten die Sklavenstaaten strukturell in die Minderheit geraten, was ihren guten Willen nicht eben beförderte. Es verwundert kaum, dass Expansion zum Schlagwort der Demokraten und des Südens wurde. 1819 bis 1821 brach dieser Konflikt dann erstmalig offen aus. 1817 hatte das Missouri-Territorium, neben Arkansas eines der wenigen Gebiete des Kaufs von 1803, in dem die Sklaverei möglich war, den Antrag gestellt, als Staat in die Union aufgenommen zu werden. Ein gradualistischer Kongressabgeordneter, James Tallmadge von New York, reagierte mit einem Gesetzesvorhaben, nach dem die Sklaverei in Missouri und Arkansas erheblich eingeschränkt und langfristig verboten werden sollte, was augenblicklich eine Reaktion der Südstaatler im Kongress provozierte. Die lange befürchtete

Staatskrise der Union war gekommen. Henry Clay, selbst Sklavenhalter aus Kentucky, zugleich aber moderater Nationalist, und Senator Jesse Thomas aus Illinois erarbeiteten dann jedoch einen tragfähigen Kompromiss, der die amerikanische Politik und ihre Position in der Sklavenfrage bis in die 1850er Jahre hinein bestimmen sollte: Missouri wurde als Sklavenstaat in die Union aufgenommen, gleichzeitig Maine als Freistaat, womit die Parität im Senat gewahrt blieb. Zusätzlich wurde festgelegt, dass künftig die Südgrenze von Missouri, 36 Grad und 30 Minuten nördlicher Breite, zur Nordgrenze der Sklaverei werden würde. Damit war es später möglich, auch Arkansas als Sklavenstaat aufzunehmen, obwohl die neue Linie deutlich südlich der alten Mason-Dixon-Linie von 1767 zwischen Pennsylvania und Maryland lag. Indem Missouri als Sklavenstaat der Union beitrat, hatte man sich allerdings ein weiteres Problem geschaffen, galten die Einwohner dieses Staates, die *Missouri ruffians,* doch als besonders fanatisch und gewalttätig im Kampf für die Sklaverei. Fürs Erste aber war der Friede gewahrt.

Bis 1846 gelang es den Politikern des zweiten Parteiensystems, die Union mehr schlecht als recht, aber immerhin halbwegs friedlich zusammenzuhalten. Dann aber setzte sich die südstaatlich-demokratische Forderung nach weiterer Expansion durch. Die Regierung von Präsident James K. Polk provozierte, nachdem man zuvor (1836) schon die Sezession Texas' von Mexiko aktiv befördert hatte und Texas dann 1845 als Sklavenstaat der Union beigetreten war, einen Krieg mit Mexiko. Der endete 1848 mit der totalen Niederlage des mexikanischen Staates. Schon forderten einige Südstaatler, man solle ganz Mexiko annektieren, obwohl dies der Sklavenfrage ein weiteres rassisch-ethnisches Problem, die Mexikanerfrage, hinzugefügt hätte. Deshalb beschränkten sich die Demokraten, gegen den Widerstand der Whigs, im Frieden von Guadeloupe Hidalgo darauf, den heutigen Südwesten der USA (New Mexico, Arizona, Nevada, Kalifornien, Teile von Utah und Colorado) der Union einzuverleiben. Die Frage der Expansion der Sklaverei war wieder offen. Der Tallmadge des Jahres 1846 hieß nun David Wilmot, ein demokratischer, aber abolitionistischer und antikatholischer Gegner der Sklaverei aus Pennsylvania, der im Repräsentantenhaus ein Gesetzesvorhaben durchbrachte, das den Export der Sklaverei in die neuen Territorien untersagte. Wilmot kandidierte in den späten 1850er Jahren dann für die Republikaner. Das sogenannte *Wilmot Proviso* kam für die Südstaatler fast schon einer Kriegserklärung gleich, denn es deutete nicht nur auf interne Spannungen in der Demokratischen Partei hin, sondern hätte mittelfristig das Ende der Senatsparität gebracht. Obgleich das *Proviso* im Senat scheiterte und niemals zur Anwendung kam, heizte sich die Atmosphäre auf. Die Kluft verbreiterte sich beinahe täglich. 1848 kandidierte die moderat abolitionistische *Free Soil Party* mit einigem Erfolg, bei den Whigs zeichnete sich die Spaltung in *Cotton Whigs* aus dem Süden, abolitionistische *Conscience Whigs* und moderate *Old Line Whigs* ab. Selbst die Demokraten, lange die Partei der Einheit der Union, zerfielen allmählich. Mancher Nordstaatendemokrat setzte sich zu den *Free Soilers* ab, die immerhin von dem alten Parteisoldaten und ehemaligen Präsidenten Martin van Buren geführt wurden. Jedem war klar, dass die Union unmittelbar vor dem Zerfall stand. 1850 kulminierte die Staatskrise weiter. In der letzten Rede vor seinem Tod malte ein von Krankheit gezeichneter John C. Calhoun, der manchem wie ein gespenstischer Totengräber der Republik vorkam, mit finsteren Worten das Menetekel des Bürgerkriegs an die Wand. Wieder war es der unvermeidliche Henry Clay, der das Heft kurz vor dem Abgrund in die Hand nahm. Er kam als ehrlicher Makler dem Süden so weit entgegen wie nur irgend möglich. Der Kompromiss von 1850 beinhaltete eine ganze Serie von Gesetzen, die teilweise Maximalforderungen der Südstaaten erfüllten und deswegen selbst von gemäßigten Nordstaatlern mit Abscheu aufgenommen wurden. Zwar wurde fortan der Sklavenhandel, nicht aber die Sklaverei auf dem Bundesterritorium von Washington, D. C. untersagt und der Staat Kalifornien nach langer Diskussion als Freistaat in die Union aufgenommen, dafür wurde den Einwohnern der Territorien von New Mexico und Utah, Letzteres entgegen den Abmachungen von 1820, die Wahlfreiheit in der Sklavenfrage zugesichert. Den eigentlichen Kernpunkt der Abmachung aber bildete der *Fugitive Slave Act*, der endgültig und ausschließlich anhand südstaatlicher Vorgaben die Rückführung geflohener Sklaven aus dem Norden regelte. Die nun einsetzende Jagd auf Flüchtlinge in den Städten des Nordens sorgte dort für eine Welle der Sympathie und offen zur Schau gestellter Solidarität mit den ehemaligen Sklaven. Es kam zu Massenaufläufen und Schlägereien. In einzelnen Staaten, allen voran in Neuengland, verweigerten Polizisten den Südstaatlern die Amtshilfe. Der Kompromiss von 1850 führte zur weiteren Radikalisierung der Debatte und zum Zerfall des Parteiensystems, dessen erstes Opfer ab 1852 Henry Clays Whigs wurden. Aus den Trümmern der Whigs, der *Free Soilers*, der nativistisch-antikatholischen *American Party* und Sklavereigegnern aus der Demokratischen Partei, darunter Jacksons einst so treuer Gefolgsmann Benjamin Butler, formierte sich 1854 die Republikanische Partei, die zwar in der Sklavenfrage moderater war als alle vorherigen «abolitionistischen» Parteien, dafür aber als erste Partei der amerikanischen Geschichte ausschließlich im Norden und Mittelwesten existierte.

Trotz des Entgegenkommens vonseiten Henry Clays waren die Südstaatler unzufrieden. Den drohenden Verlust der Senatsparität weiterhin vor Augen, den Abolitionismus der Republikaner grotesk übertreibend und angesichts des gleichfalls absehbaren Niedergangs des Baumwollbooms und damit der wirtschaftlichen Grundlage der Sklaverei reagierten sie mit einem neuen Schub von Hysterie und Panik. Der Tod Calhouns und der Zerfall der Whigs gaben Raum für eine jüngere Generation radikaler Politiker, die sogenannten Feuerfresser (*fire eaters*) um William L. Yancey, die sich nunmehr für die Sezession des Südens einsetzten. Die gemäßigten Stimmen aus dem oberen Süden fanden immer weniger Gehör. Immerhin scheiterten Mitte der 1850er Jahre noch alle Versuche, den Süden zur Abspaltung zu bewegen, aber es zeichnete sich ab, dass es bald an politischen Führern fehlen würde, die noch für die Union eintraten. Im Süden fuhr man jetzt eine zweigleisige Strategie. Einerseits unterstützten einige Politiker aus dem tiefen Süden die Bewegung der *filibuster*. Das waren Abenteurer wie William Walker, die mit

Söldnerscharen durch Mexiko, Nikaragua, Haiti oder die Dominikanische Republik zogen, um dort eigene Staaten zu erobern, aus denen sich möglicherweise ein Sklavenimperium errichten ließ. Andererseits stellte man immer neue und weiterreichende Forderungen an den Norden. Zum neuen Kampffeld avancierte um 1854 das Kansas-Nebraska-Territorium, das binnen kurzer Zeit seine Staatlichkeit erreichen sollte. Schon 1850 hatte Stephen Douglas, der neue Stern der Demokratischen Partei, der wie der Republikaner Lincoln aus Illinois stammte, im Zusammenhang mit dem Kompromiss von 1850 das Grundprinzip des Missouri-Kompromisses von 1820 durch seine Idee der Volkssouveränität ausgehebelt. Im *Kansas-Nebraska-Act* bekamen beide Gebiete 1854 das Recht zugesprochen, eigenständig zu entscheiden, ob sie als Sklaven- oder als Freistaaten der Union beitreten würden, obgleich sich ihr Territorium nördlich des 36. Breitengrades befand. Douglas, der davon ausging, dass die Sklaverei in beiden Territorien sowieso wirtschaftlich unsinnig und deswegen chancenlos sein würde, hatte geglaubt, mit diesem Schritt die Lage zu beruhigen und seine Partei wieder zu vereinigen. Stattdessen trat er eine neue Welle von Streitigkeiten los, die in eine regelrechte Spirale der Gewalt mündete. In beständig neuen Zyklen der Unruhe starben Indianer und Schwarze, Mormonen und Katholiken, vorrangig aber Abolitionisten. Das Land gärte und eine Lösung war nirgendwo in Sicht.

Verschärft wurde die Situation weiterhin durch ein überraschendes Urteil des Obersten Bundesgerichts, *Dred Scott vs. Sanford* (1857). Als die Abolitionisten zu Beginn der 1850er Jahre damit begonnen hatten, diesen Fall aufzubauen, waren sie noch davon ausgegangen, im *Supreme Court* eine sklavereikritische Mehrheit zu finden. Aber sie hatten sich verrechnet. Der Oberste Bundesrichter Roger B. Taney, ein sklavenhaltender, katholischer Großgrundbesitzer aus Maryland, tat alles, um das Gericht auf seine Seite zu ziehen. Der Fall drehte sich um einen Sklaven, der mit seinem Herrn in einen Freistaat gezogen war und auf Freilassung geklagt hatte. Taney aber beschied, der Kläger sei weiterhin Sklave, er sei nicht klageberechtigt, und Schwarze könnten keine Bürger der USA werden. Darüber hinaus erklärte er den Missouri-Kompromiss für verfassungswidrig, null und nichtig. Richter Taney glaubte allen Ernstes – *Roma locuta, causa finita* –, mit diesem Beschluss sei die Sklavenfrage irreversibel vom Tisch. Freilich irrte er sich. Die öffentliche Reaktion war verheerend, während die Autorität des Obersten Bundesgerichts sich auflöste. Im Süden triumphierten einmal mehr die Scharfmacher, im Norden wandten sich die Gemäßigten angewidert ab. Die radikalen Abolitionisten wiederum verkündeten, für sie sei der *Supreme Court* nicht mehr maßgeblich, sie würden sich jetzt nur noch dem göttlichen Recht, dem *higher law*, verpflichtet fühlen.

Parallel dazu nutzten die *Missouri ruffians* gemeinsam mit den Feuerfressern des Südens die allzu offenkundige Schwäche der Präsidentschaften der Demokraten Franklin Pierce und James Buchanan, die alle Hände voll zu tun hatten, die Einheit ihrer disparaten Partei zu wahren. Siedler aus Missouri strömten in das Kansas-Territorium, um dort eine sklavereifreundliche Regierung zu installieren, die dann Kansas als Sklavenstaat in die Union führen sollte. Dabei bedienten sie sich aller denkbaren Methoden, vom Wahlbetrug bis hin zur offenen Gewaltanwendung, was neuerlich viele Nordstaatendemokraten dazu brachte, sich dem Süden zu entfremden. Die Abolitionisten hingegen organisierten Siedlertrecks aus Neuengland, die ihrerseits Kansas in einen Freistaat verwandeln sollten. 1856 eskalierte die Situation. Der streng calvinistisch gesinnte Abolitionist John Brown tötete gemeinsam mit seinen Söhnen am Pottowatomie fünf unbewaffnete und am Konflikt unbeteiligte Siedler aus Missouri. Dieser Akt des Terrorismus wurde zum Ausgangspunkt eines blutigen Bürgerkriegs, der zwar weniger Opfer forderte, als zeitgenössische Zeitungsberichte suggerieren, in dem aber immerhin mindestens 200 Menschen ums Leben kamen. Die Ereignisse in Kansas, *bleeding Kansas* genannt, führten dann im Mai 1856 im Senat in Washington zu einem weiteren Zwischenfall, der noch einmal belegte, wie angespannt die Situation inzwischen geworden war. Der radikal abolitionistische republikanische Senator aus Massachusetts, Charles Sumner, hatte in einer schneidend ironischen Rede den Süden attackiert und vor allem dem alternden Senator von South Carolina Andrew Butler in expliziten sexuellen Anspielungen vorgeworfen, eine Sklavin als Geliebte zu missbrauchen. Butlers Cousin, der Repräsentant Preston Brooks, nahm dies zum Anlass, Sumner derart mit seinem Spazierstock zu verprügeln, dass der Senator zeitweilig das Bewusstsein verlor und jahrelang nicht in der Lage war, an Senatssitzungen teilzunehmen.

1859 bekam der Norden dann seinen zweiten Märtyrer. John Brown hatte, unterstützt von einigen abolitionistischen Geschäftsleuten aus Boston und New York, den *secret six*, versucht, ein Waffenlager der Unionstruppen in Harper's Ferry nahe Washington in die Hand zu bekommen, um von dort aus die Sklaven der umliegenden Plantagen mit Waffen zu versorgen und auf diese Weise einen großflächigen Sklavenaufstand auszulösen. Dieser Akt rührte an die Urängste des Südens, seitdem Denmark Vesey 1823 und Nat Turner 1831 ähnliche Versuche initiiert hatten. Sofort rückte ein Kommando der US-Marineinfanterie unter dem Befehl von Colonel Robert E. Lee aus, der Brown, seine Söhne und Anhänger stellte. Einige wurden erschossen, die anderen nach einem kurzen Militärgerichtsverfahren hingerichtet, wobei Brown durch die Würde und den Mut, mit dem er in den Tod ging, selbst bei einigen Südstaatlern Respekt erheischte. Im Norden aber wurde er zum mythischen Helden. Bis heute bleibt er eine umstrittene Figur. Einige neoabolitionistische Historiker arbeiten weiterhin an seinem Heldenimage, allerdings wird man nicht umhinkönnen, seine Methoden für mehr als problematisch und unter ethischen Aspekten fragwürdig zu halten. Brown war ein Terrorist, kein Freiheitskämpfer. Vor allem aber unterstützte der Zwischenfall von Harper's Ferry auf beiden Seiten die Vorstellung, der Konflikt zwischen Nord und Süd sei das Produkt sinistrer Verschwörungen, wahlweise abolitionistischer oder sklavenhaltender Provenienz.

Dem Zwischenspiel von Harper's Ferry folgte zu aller Überraschung und trotz des medialen Rummels eine kurze Phase der Entspannung. Selbst in Kansas flaute der Konflikt ab. Es war, als hielte die Union den Atem an, um auf die anstehenden Präsidentschaftswahlen von 1860 zu warten. Allgemein wurde erwartet, dass Stephen Douglas für die Demokraten einen sicheren Sieg einfahren werde. Gleichwohl kam es ganz anders. Douglas hatte sich schon 1858 im Wahlkampf heftige Debatten mit seinem republikanischen Gegner Abraham Lincoln geliefert, die bis heute als rhetorische Meisterwerke gelten. Im Mittelpunkt hatten selbstredend Kansas und die Sklavenfrage gestanden. Eigentlich galt Douglas weniger als Befürworter der Sklaverei denn als jemand, der die Südstaatendemokraten bei der Stange halten konnte. In deren Augen jedoch hatte er im Zusammenhang mit Kansas zu oft und zu viel laviert. Der Senator war in den Augen der Feuerfresser unzuverlässig geworden. Auf dem Nominierungsparteitag der Demokraten in Baltimore im heißen Sommer von 1860 kam es deswegen zu tumultuarischen Szenen, die letztlich zur Spaltung der Partei führten. Nun trat Douglas nurmehr für die Nordstaatendemokraten an, während die Südstaatler John C. Breckinridge, einen bekennenden Anhänger der Sklaverei, aufstellten. Als Gegenkandidat fungierte der Republikaner Abraham Lincoln, der im Süden gar nicht erst antrat und dort als fanatischer Abolitionist gehandelt wurde, was nicht zutraf. Lincoln war Gradualist und *Old Line Whig*, kein Immediatist. Im oberen Süden bildete sich eine Koalition besorgter Unionspatrioten, denen klar war, dass, wenn es zur Sezession und zum Bürgerkrieg kommen würde, ihre Staaten das Schlachtfeld stellen mussten. Meist handelte es sich um *Cotton Whigs*, *Old Line Whigs* und gemäßigte Demokraten, die als *Constitutional Unionists* in einem letzten verzweifelten Versuch, die Einheit der Union auf der Grundlage des alten, staatenbundlichen Systems zu retten, den verdienten, aber kaum sonderlich charismatischen John Bell als Kandidaten ins Feld führten.

Ungeachtet der Spaltung der Demokraten gingen viele Beobachter und die meisten Zeitungen im Herbst 1860 weiterhin von einem Wahlsieg für Stephen Douglas aus. Der aber erreichte gerade einmal 29,5 Prozent der Stimmen und sage und schreibe nur 12 Wahlmänner (aus Missouri und Teilen New Jerseys). Breckinridge vereinigte 18,1 Prozent der Stimmen und 72 Wahlmänner aus dem tiefen Süden hinter sich, Bell kam immerhin auf 12,6 Prozent der Stimmen und 39 Wahlmänner aus dem oberen Süden.

Der Sieger aber war der Republikaner Lincoln mit allerdings nur 39,8 Prozent der Stimmen, aber 180 Wahlmännern aus dem Norden und dem Westen. Für den Süden war das ein unerwarteter Schlag, zumal Lincoln sofort deutlich machte, dass, wiewohl er nichts gegen die Existenz der Sklaverei im Süden einzuwenden hatte, er auf alle Fälle einer weiteren Expansion der Sklaverei mit aller Schärfe entgegentreten würde. Augenblicklich kollabierte in Teilen des Südens die politische Vernunft. Der überdehnte Ehrbegriff fiel mit einem Mal mit dem Erhalt der Sklaverei zusammen, die man als unmittelbar bedroht ansah. Mehr noch, die strukturellen Fliehkräfte, die von Beginn an das Überleben der Union erschwert hatten, machten nun in Verbindung mit der dramatischen Dynamik wechselseitiger Fehlwahrnehmungen und Verschwörungstheorien den Bürgerkrieg unvermeidlich. Insbesondere South Carolina stellte sich wie so oft an die Spitze der Bewegung. In den Augen der Feuerfresser war der Zeitpunkt zum Handeln gekommen. Mit der Begründung, der noch gar nicht amtierende Präsident Lincoln habe die Ehre des Südens angegriffen, wurde am 20. Dezember 1860 eine *State Convention* abgehalten, die mit 169:0 Stimmen den Austritt aus der Union erklärte und die anderen Sklavenstaaten aufforderte, dem Beispiel South Carolinas zu folgen. Calhouns Theorien dienten als Begründung. Um jedoch dem Süden einigermaßen Gerechtigkeit widerfahren zu lassen, muss darauf hingewiesen werden, dass ein Ende der Expansion der Sklaverei mit einiger Sicherheit binnen weniger Jahre auch zum Ende der Sklaverei geführt hätte. Dies ändert jedoch nichts am Primat der Sklavenfrage beim Zerfall der Union, wenngleich zu Beginn des Bürgerkrieges merkwürdigerweise kaum jemand ausdrücklich für eine Emanzipation der Schwarzen kämpfte. Rein verfassungsrechtlich hielt man sich in South Carolina bei diesem Vorgehen an das Vorbild des Eintritts in die Union am 23. Mai 1788, den ebenfalls eine *State Convention* beschlossen hatte. Mit diesem Akt South Carolinas war das Experiment der Union gescheitert. Der amtierende Präsident Buchanan startete einen letzten verzweifelten Versuch, die Union zu retten. Er rief einen Fasten-, Buß- und Gebetstag aus. Gott aber hörte nicht mehr zu. Nun war es an Lincoln zu reagieren.

II. Die Frühphase des Bürgerkriegs

1. Kein perfektes Staatswesen: Die Konföderierten Staaten von Amerika

Mit dem Austritt South Carolinas aus der amerikanischen Union am 20. Dezember 1860 war eine vollkommen neue politische Situation entstanden. Die anderen Südstaaten mussten sich entscheiden, ob sie dem vom traditionell radikalen South Carolina vorgezeichneten Weg folgen wollten oder ob sie es weiterhin mit der Union hielten. Insbesondere im oberen Süden fiel vielen die Entscheidung schwer, nicht nur aus ökonomischen Gründen, oder weil man Angst hatte, nur zu bald zum Schlachtfeld zu werden. Virginia war immerhin über Jahrzehnte der wichtigste Staat der Union gewesen, die amerikanischen Präsidenten waren lange von dort gekommen. Man sprach gar von einer *Virginia Dynasty* der Präsidenten. Mindestens ebenso wichtig war ein ganz anderes Problem, das in der Forschung unter dem Stichwort des *Southern Nationalism* behandelt wird. Gab es überhaupt so etwas wie ein gemeinsüdstaatliches Zusammengehörigkeitsgefühl, das über die reine Verteidigung der Sklavenhalterinteressen hinausging? Diese Frage ist außerordentlich schwer zu beantworten. Sicher, im Verlauf der verschiedenen politischen Streitigkeiten der Antebellumära war eine Art politischer Handlungsgemeinschaft der sklavenhaltenden Südstaaten entstanden. Aber diese gründete gerade im Primat der einzelstaatlichen Interessen und dem Festhalten an einer überkommenen, engen und nicht nationalstaatlichen Interpretation der gegebenen Verfassungsordnung. Nationalismus im Sinne des 19. Jahrhunderts war das kaum.

Dennoch entwickelte sich im Laufe der 1850er Jahre im tiefen Süden ein vage definiertes südstaatliches Eigenbewusstsein. Interessanterweise waren oft Frauen die Träger dieser Haltung, vermutlich weil sie aufgrund der antischwarzen Propaganda die Emanzipation der Sklaven am meisten fürchteten. Dieses südstaatliche Eigenbewusstsein, das mit dem Begriff Nationalismus gewiss nicht richtig getroffen ist, bildete die weltanschauliche Grundlage für die Ereignisse nach dem Dezember 1860.

Jetzt war in der Tat die Stunde der Feuerfresser gekommen. Robert Toombs, Yancey und die anderen Führer der Radikalen entwarfen absurde Schreckensszenarien und verkündeten, der Norden plane weitere Invasionen nach dem Vorbild von Harper's Ferry, um die Sklaven zu befreien, gegen ihre ehemaligen Herrschaften aufzuhetzen, diese in einem Blutbad zu töten und anschließend eine Mischlingsrasse unter republikanischer Dominanz zu kreieren. Ein Klima der Angst und der Wut griff um sich. In weiteren Staaten wurden *State Conventions* einberufen und gewählt, wobei die Wahlen jedoch trotzdem noch kein schlüssiges Ergebnis zeitigten. Es wurde deutlich, dass die Wähler Breckinridges nicht automatisch auch Anhänger einer Sezession waren. Das Ergebnis mancher Bezirke war für die Feuerfresser alles andere als erfreulich. Eine Reihe von Politikern forderte, man müsse erst abwarten, was die neue Regierung überhaupt plane, ehe man das unkalkulierbare Risiko eines Krieges eingehe. Unter ihnen befand sich zu diesem Zeitpunkt noch Jefferson Davis, der wenige Monate später Präsident genau der Konföderation wurde, die er anfangs abgelehnt hatte. Überdies sperrten sich vereinzelt einflussreiche Amtsträger mit allen legalen Mitteln gegen eine Sezession. Allen voran bekämpfte der Gouverneur von Texas, Sam Houston, ein begeisterter Anhänger der Union, die neuerliche Unabhängigkeit seines Heimatstaates, der ja bereits von 1836 bis 1845 souverän gewesen war. Der alte Revolutionär machte sich in der Bevölkerung allerdings eher unbeliebt und wurde zum Amtsverzicht gezwungen, als er sich standhaft weigerte, auf die neue Republik seinen Amtseid zu leisten. Angesichts des unerwarteten Widerstands der Unionisten im Süden, zumeist frühere Whigs, oft auch Großgrundbesitzer, mussten die Feuerfresser ihre Zuflucht zu Wahlmanipulationen und Gewaltakten nehmen, um ihre Gegner daran zu hindern abzustimmen. Auf diese Weise gelang es ihnen, bis zum Februar 1861 Mississippi, Florida, Alabama, Georgia, Louisiana und Texas auf die Seite South Carolinas zu bringen. Der komplette tiefe Süden, mit Ausnahme von Arkansas, das aber nur bedingt zu dieser Staatengruppe zählte, war damit aus der Union ausgetreten. Die Unabhängigkeitserklärungen der neuen Staaten ließen in ihren Begründungen an Deutlichkeit nichts zu wünschen übrig. Den Sezessionisten war es vorrangig um den Erhalt der Sklaverei und der Rassenordnung des Südens zu tun, die sie als maßgeblich für das Überleben ihres traditionalen Lebensstils einstuften. Dies belegt noch einmal, dass in den USA der weltweite Kampf um den modernen nationalen Einheitsstaat durch die Sklavenfrage vollständig überformt worden war.

Rasch wurde klar, dass es nicht darum gehen konnte, die sieben Staaten des tiefen Südens einfach unabhängig voneinander existieren zu lassen. Am 4. Februar 1861 trafen sich daher ihre Delegierten in Montgomery, Alabama, um dort am 8. desselben Monats eine Konföderation zu bilden, deren provisorischer Präsident am 9. Februar ausgerechnet der zögerliche Jefferson Davis wurde. Als sein Vizepräsident fungierte Alexander H. Stephens, der ironischerweise seinen Namen von Alexander Hamilton, dem frühen Nationalisten, herleitete. Weder Davis noch Stephens waren im Vergleich zu Toombs oder Yancey Radikale, aber ihre Wahl geschah wohl trotz der aufgeheizten Atmosphäre aus einem gewissen Kalkül heraus, um die noch bei der Union verbliebenen Staaten des oberen Südens zu gewinnen. Zugleich konnte man es als Signal einer indes bestenfalls bedingten Kompromissbereitschaft an die Unionsregierung in Washington deuten. Schließlich waren beide erfahrene Unionspolitiker.

In einem ersten Schritt gab sich die Konföderation eine Verfassung, der man freilich anmerkte, dass sie mit heißer Nadel gestrickt war. In wesentlichen Teilen hatte man einfach die alte Unionsverfassung, auf deren Prinzipien man sich bei der Sezession ja berief, abgeschrieben, wenngleich mit ein paar bemerkenswerten Ausnahmen. In der Präambel zum Beispiel wurde die Passage «We, the People of the United States of America» in konsequenter Anwendung der Ideologie der Einzelstaatenrechte durch eine Betonung ebendieser ersetzt. Die Staatsgewalt ging nun auch formal nicht mehr vom gesamtstaatlichen Volk aus, sondern von den Einzelstaaten. Gleichzeitig wurde die Sklaverei ausdrücklich in der Verfassung abgesichert. Beides waren Resultate der weltanschaulichen Vorgaben der Sezessionisten gewesen. Allerdings ging man noch einige Schritte weiter. Insbesondere verbot die neue Verfassung explizit so ziemlich alles, was sich seit der Zeit Alexander Hamiltons an nationalisierenden Praktiken in der Verfassungswirklichkeit der Union ergeben hatte. Weder waren *internal improvements*, also Investitionen im Sinne einer Industrialisierung der Konföderation zulässig, noch wurde der Konföderationsregierung das Recht einer eigenen Fiskalpolitik gewährt, da Steuern und Zölle im Wirkungsbereich der Einzelstaaten verblieben. Dafür hob man die strikte Trennung zwischen Amt und Mandat auf. Amtsträger der Konföderation waren Mitglieder auch der Legislative, was ihnen theoretisch mehr Mitsprachemöglichkeiten in der politischen Arena eröffnete. Wieder entsprach die Theorie nicht der politischen Praxis. Die Administration von Davis und Stephens hatte es zeit ihrer vierjährigen Existenz allen Anstrengungen des konföderierten Präsidenten zum Trotz mit einer derartigen Fülle kleinlich-egoistischer Interessenpolitik der Einzelstaaten und rivalisierender Politiker zu tun, dass das konföderierte Staatswesen immer ein Torso blieb. Dazu trug das Fehlen eines stabilen Parteiensystems erheblich bei. Die Strukturen der Whigs und der Demokraten waren faktisch zusammengebrochen und existierten bestenfalls noch in Gestalt trauriger Trümmer vormaliger Größe. In einzelnen Staaten gab es de facto kein Zweiparteiensystem mehr, in manchen hatte es nie ein Parteiensystem gegeben. Vielfach waren die Parteien durch personale Beziehungsgeflechte ersetzt worden, was der Politik der Südstaaten strukturell ein gerüttelt Maß an Instabilität und Klüngel einbrachte. Das Vorbild lieferte South Carolina, das weder die allgemeine Fundamentalpolitisierung der USA noch die Tendenz zur Massenpartizipation mitgemacht hatte. Seit dem internen Kompromiss von 1808 zwischen den Großgrundbesitzern der Küstenregion und des Piedmont hatte man dort Politik als Geschäft unter aristokratischen Gentlemen und nicht als Parteipolitik gepflegt. Dessen ungeachtet sollte man die demokratischen Aspekte in der südstaatlichen Politik nicht außer Acht lassen. Seit dem 18. Jahrhundert hatten dort erst eine Mehrheit und dann alle weißen Männer die Chance politischer Machtteilhabe. Vor diesem Hintergrund diente das strikte Rassensystem mitsamt der Sklaverei gerade dazu, die sozialen Ungleichheiten innerhalb einer auf egalitäre Partizipation angelegten Verfassungsstruktur zu überdecken. Amerikanische Forscher sprechen in diesem Zusammenhang gerne von *herrenvolk democracy*. Die Rassenlinie suggerierte eine Gleichheit aller Weißen, von der jeder wusste, dass sie faktisch eine Chimäre war. Dennoch war die egalitäre Semantik kulturell äußerst wirkmächtig. Nur vor diesem Hintergrund ist erklärbar, warum so viele weiße Kleinbauern, die gar keine Sklaven hatten, derart lange und hartnäckig für die Rechte einer Minderheit reicher Plantagenbesitzer kämpften, ja warum überhaupt die Sezession unter diesen Kleinbauern häufig eine stärkere Anhängerschaft hatte als in Kreisen grundbesitzender Whigs. Das politische System des Südens basierte nicht nur auf sozialen Strukturen, sondern auch auf kulturellen Aushandlungsprozessen, in deren Mittelpunkt ein Paradox, ein demokratisch-egalitärer Rassismus mit feudalen Komponenten stand.

Vergleicht man die Verfassungen der Union und der Konföderation, so fällt unmittelbar auf, dass der Anspruch des Südens, auf der formalen Ebene auf die Intentionen der Gründerväter zurückgegriffen zu haben, etwas für sich hatte. Tatsächlich stimmte die Verfassungswirklichkeit der Union schon seit längerer Zeit nicht mehr mit dem *original intent* überein. Dem waren Parteien und Fraktionen zuwider gewesen, ebenso die Parteilichkeit der Ämtervergabe, das allgemeine Wahlrecht, der Primat des fraktionellen Willens über die meritokratische Vernunft oder die Idee einer starken Bundesregierung, die im Interesse der Industrialisierung und Urbanisierung um eine kohärente Wirtschafts- und Infrastrukturpolitik bemüht war und damit die Freiheit der Individuen wie die der Einzelstaaten einschränkte. All diese Aspekte waren im Laufe der vergangenen Jahrzehnte allmählich, teils aus Notwendigkeit, teils als Produkt simpler Interessenpolitik, der Verfassungspraxis hinzugefügt worden und hatten eine lebendige Tradition erzeugt, anhand derer die

Verfassung nun ausgelegt wurde. Dies war nicht notwendig problematisch, denn nur Doktrinäre glauben, das Wesen einer Sache liege in der Schrift allein. Die Sezessionisten konnten den Wandel gleichwohl aus Eigeninteresse heraus instrumentalisieren. Genau darin aber lag die tiefere Problematik ihres Verfassungsprojekts. Mochte es dem Wortlaut und der Intention nach auch an die Vorgaben der Gründerväter anschließen, so gebrach es ihm an gestaltgebendem Geist. Die Konföderation brachte es während ihrer gesamten Existenz, anders als der Norden, nicht zu vernünftigen gesamtstaatlichen Wahlen. Politik blieb auf die Einzelstaaten und das personale Geflecht in der Hauptstadt Richmond beschränkt. Es fehlte weithin eine freie Presse, eine strukturierte politische Diskussion, es fehlte jene Luft der freien Meinungsäußerung, die für die Gründerperiode der 1780er Jahre kennzeichnend gewesen war, seitdem im Süden praktisch die Zensur abolitionistischer Blätter eingeführt worden war. Die Verfassung konnte darüber hinaus keine Vision für die Zukunft entwickeln, nicht einmal eine konservative. Sie beschränkte sich darauf, das Bestehende starr und unbeweglich, ohne Rücksicht auf laufende historische Prozesse, gewissermaßen für die Ewigkeit festzuschreiben, eine Ewigkeit, die dann nur vier Jahre dauerte. Die Gründe für dieses Defizit lagen klar auf der Hand. Sie ergaben sich aus der Fundamentalaporie eines Staatswesens, dessen Einheit einzig im Streben nach Partikularität begründet lag und dem es über den Erhalt der Sklaverei und der einzelstaatlichen Souveränität hinaus an jedem tragenden Prinzip mangelte. Eigentlich müsste man eine Geschichte der Konföderation nicht von den schwachen und störanfälligen Institutionen in Richmond her schreiben, sondern von den komplexen Interessenkonstellationen in den Einzelstaaten. Selbst die Armeen der Konföderation, die doch organisierte Träger eines gesamtstaatlichen Überlebenswillens hätten sein können, ja müssen, waren kaum etwas anderes als Spiegelbild der Konfusion und Richtungslosigkeit einer in sich widersprüchlichen Staatlichkeit. Immerhin verfügten die konföderierten Streitkräfte über fähige militärische Führer und eine recht simple strategische Grundausrichtung, die sich darauf beschränken konnte, Zeit zu gewinnen, um den Norden zu zermürben. Diesen Vorteil der inneren Linie hatte die politische Führung unter Davis nicht. Er blieb allen seinen Anstrengungen zum Trotz ein Getriebener, ein Spielball lokalistischer Fraktionierungen. Es war demnach nicht die mangelnde Handlichkeit einer übertrieben schwerfälligen Verfassung, die den Süden vor unüberwindbare Probleme stellte, sondern die Abwesenheit jeglicher ordnenden Idee. Die Konföderation war, als im April 1861 bei Fort Sumter die ersten Schüsse des *War between the States* abgegeben wurden, ein Torso – organisatorisch, politisch-ideell und territorial. Sie sollte stets ein Torso bleiben.

2. Kein Gleichgewicht der Kräfte: Ökonomisches Potenzial und Ressourcenmobilisierung

Der amerikanische Bürgerkrieg war nicht allein ein politisches Ereignis. Er war ein umfassender, moderner Nationsbildungskrieg mit allen wirtschaftlichen, technologischen und kulturellen Aspekten, welche diesen kennzeichnen. Gelegentlich wurde sogar die These aufgestellt, beim Bürgerkrieg habe es sich um den ersten totalen Krieg gehandelt. Dies erscheint bei genauerer Betrachtung unhaltbar. Definiert man den totalen Krieg über die Totalität der Mobilisierung von Ressourcen und Bevölkerung sowie der Kriegsziele und der Kriegshandlungen, muss man mit der Begrifflichkeit bezogen auf den Bürgerkrieg vorsichtig umgehen. Für den Norden etwa war der Krieg zu keinem Zeitpunkt ein totaler. Es gab weite Bereiche der Union, die Neuenglandstaaten zum Beispiel, in denen man als Mittelklassebürger das Kriegsgeschehen kaum spürte. Und selbst im Süden existierte lange ein Hinterland, das von den Folgen des Konflikts bis etwa 1863 wenn nicht unberührt, so doch relativ unbelastet blieb. Schließlich fehlte für einen totalen Krieg auf beiden Seiten eine umfassende Form der Staatlichkeit, der bürokratischen Kontrolle und der vereinheitlichenden Propaganda, die eine derart rigorose Kriegsanstrengung überhaupt erst möglich gemacht hätte. Weder die Union noch die Konföderation waren 1861 durchorganisierte Nationalstaaten. Die Union konnte, die Konföderation wollte es nicht sein. Dennoch ist die Rede vom totalen Krieg nicht vollkommen irreführend. Der amerikanische Bürgerkrieg war, darin dem Krimkrieg in Europa vergleichbar, ein Konflikt, der durch Produktionskräfte, Waffentechnologie und technische Logistik entschieden wurde. In dieser Hinsicht aber war der Norden in jeder Hinsicht überlegen.

Allein die Einwohnerzahl der beiden Kriegsparteien sprach Bände: In der Union lebten rund 23 Millionen Menschen, davon nur ein winziger Bruchteil Sklaven, die sich auf Missouri, Maryland, Kentucky und eine unbedeutende Population in Delaware konzentrierten. Demgegenüber brachte es die Konföderation mit ihren elf Mitgliedsstaaten gerade einmal auf neun Millionen Einwohner, davon allein 3,5 Millionen potenziell unruhiger und unzuverlässiger Sklaven. In einzelnen Staaten, Louisiana, Georgia, Florida und Alabama, belief sich der Anteil von Sklaven auf rund 45 Prozent, in South Carolina und Mississippi waren es gar über 55 Prozent. Im Küstenstreifen von South Carolina lag das Verhältnis zwischen Sklaven und freien Weißen gar bei 10:1, was die Radikalität erklärt, mit welcher die Plantagenbesitzer ausgerechnet dieses Staates am Sklavensystem festhielten. Noch negativer fiel der Vergleich der Industrieproduktion für den Süden aus. Dort fanden sich etwa 18 000 Industriebetriebe, von denen freilich kaum einer in der Eisen- oder Stahlverarbeitung tätig war, mit etwa 110 000 Beschäftigten, im Norden hingegen waren es 110 000 Betriebe mit über 1,3 Millionen Arbeitern. Der Norden produzierte zehnmal mehr Güter als der Süden, bei der Eisenproduktion war er im Verhältnis 20:1, bei der Produktion von Feuerwaffen sogar 32:1 überlegen. Und selbst in der Textilproduktion übertraf er den Süden 17:1. Darüber hinaus befanden sich, was für die moderne Kriegführung ungemein wichtig war, 70 Prozent des Schienennetzes im Norden. Bei den Eisenbahnen im Süden kam noch hinzu, dass sie nicht unter kriegstechnischen Aspekten geplant und gebaut worden waren und deswegen für den Nachschub oder den Truppentransport nicht sinnvoll eingesetzt werden konnten. Von den 470 Lokomotiven, die im Jahre 1860 in den USA gebaut wurden, stammten nur ganze 17 aus südstaatlicher Produktion.

Die Faktoren Eisenbahn und Dampfschifffahrt aber waren von

zentraler Bedeutung. Der Union gelang es rasch, das vorhandene Schienennetz und die Kanäle, die gleichfalls überwiegend im Norden lagen, für den Kriegseinsatz zu nutzen. Im Vergleich zu ihren konföderierten Kameraden mussten Soldaten der Union deutlich weniger marschieren. Truppenteile konnten relativ flexibel von einem Kriegsschauplatz zum nächsten verlegt werden, vom Nachschub an Material und Mannschaften ganz zu schweigen. Es ist erstaunlich, wie schnell sich die militärischen Führer der Union dieses Vorteils bewusst wurden, während sie ansonsten, gerade zu Beginn des Krieges, nicht immer an der Speerspitze moderner Kriegführung marschierten. Das eigentliche Problem beider Kriegsparteien aber bestand darin, die Industrie auf Kriegsproduktion umzustellen und den Krieg zu finanzieren. Beides war für die Konföderation schon aus strukturellen Gründen nahezu unmöglich. Obwohl die südstaatlichen Großgrundbesitzer zu den reichsten Personen der Welt zählten und für den Kriegsausbruch maßgeblich mitverantwortlich waren, zeigten sie wenig Neigung, ihr Hab und Gut zu opfern. Zudem erschwerte ihr traditionales Verständnis von Wirtschaft die Lage erheblich. Die Pflanzer hatten zwar das kapitalistische Prinzip der Profitmaximierung in der Produktion tief verinnerlicht, gaben ihr Geld aber ganz im vorindustriellen Sinne aus. Dies bedeutete vor allem Investitionen in Sklaven und Land, nicht aber in technisches Produktivvermögen. Kapitalreserven waren demnach eher die Ausnahme. Als mit zunehmender Kriegsdauer ab 1863 die Steuereintreiber der Konföderation durchs Land zogen, fanden sie kaum nennenswerte Barvermögen vor und sahen sich gezwungen, Sklaven oder technisches Material beziehungsweise Tiere zu requirieren. Daher blieb dem Süden kaum etwas anderes übrig, als den Krieg über die Notenpresse zu finanzieren, da auch die europäischen Mächte nur ausnahmsweise bereit waren, seine Sache finanziell, durch Kredite oder Staatsanleihen zum Beispiel, zu unterstützen. Die Folge war eine verheerende Inflation. Die finanziellen Probleme behinderten zusätzlich den Aufbau einer adäquaten Kriegsproduktion, sodass der Süden während des gesamten Krieges in der waffentechnischen Ausrüstung dem Norden hinterherhinkte. Bis 1862 etwa mussten die Regimenter der

Konföderierten noch mit vollkommen veralteten Feuersteinmusketen auskommen, die sich schon im Krieg von 1846 nicht sonderlich bewährt hatten. Sie waren umständlich zu handhaben und entgegen landläufigen Mythen über schusssichere amerikanische Scharfschützen von der *frontier* wenig treffgenau. Hinzu kam, dass man seitens der Konföderation über derart wenige Waffen verfügte, dass viele Soldaten aufgefordert wurden, ihre privaten Schusswaffen mitzubringen. Erst im Verlauf des Krieges änderte sich die Situation. Dies lag nur zu einem geringen Teil an der eigenen Produktion moderner, zielgenauer Springfield-Musketen und Enfield-Gewehre, die bestenfalls weniger als 24 Prozent der gesamten Ausrüstung ausmachten. Rund 30 Prozent der konföderierten Schusswaffen mussten unter großen Schwierigkeiten aus Großbritannien, Österreich und Frankreich importiert werden. Knapp die Hälfte aller im Krieg aufseiten der Südstaaten eingesetzten Infanteriewaffen aber war zuvor von den Unionstruppen erbeutet worden.

Die Probleme der Union sahen anders aus. Obwohl man auch hier in der Waffenproduktion nicht in der Lage war, den Bedarf aus eigener Produktion zu decken, und darum auf Importe aus Großbritannien und Frankreich angewiesen blieb, hatte man es wesentlich leichter als der Süden. Anfangs sah das Bild hier nicht wesentlich besser aus als im Süden. Die Unionsregimenter waren 1861 ähnlich bunt bewaffnet wie die konföderierten Soldaten auf der anderen Seite des Schlachtfeldes. Es dauerte bis 1862, ehe die technologische Überlegenheit der Union zum Tragen kam. Von da an überwogen neue Gewehre mit gezogenen Läufen und Minié-Kugeln, die nicht allein treffsicherer waren, sondern zudem eine schnellere Schussfolge ermöglichten, da sie, anders als die altmodischen Musketenkugeln, nicht erst lange aufgebissen und von vorne in den Lauf gestoßen werden mussten. Die neuen Gewehre waren meist Hinterlader und entsprechend leichter zu bedienen. Seit 1863 setzte der Unionsgeneral Benjamin Butler erstmalig Vorläufer des modernen Maschinengewehrs, die *Gatling Gun* ein, von der aber nur zwölf Stück existierten. Erst nach dem Bürgerkrieg, aber rechtzeitig für die Indianerkriege des Westens wurde die US-Armee systematisch mit dieser neuartigen und ungemein mörderischen Waffe bestückt. Allerdings reichte bereits die erhöhte Schussfolge und Treffgenauigkeit der neuen Enfields und Springfields, um die Mortalitätsraten der Frontsoldaten enorm in die Höhe zu treiben. Mit den neuen Waffen konnten auch relativ ungeübte Schützen bis dahin ungeahnte Wirkung erzielen. Die wirkliche Stärke der Unionsarmee lag aber nicht bei den Schusswaffen der Infanteristen, sondern bei der Artillerie, und zwar zu Lande wie zu Wasser. Die Kanonen waren treffsicher, leistungsstark und vergleichsweise langlebig. Auf den Schlachtfeldern des Bürgerkriegs konnten sie eine verheerende Wirkung entfalten.

Aufgrund eines rückständigen Bankensystems war allerdings auch der Norden zunächst kaum in der Lage, die für die Kriegführung nötigen finanziellen Mittel aufzubringen. Eine Zentralbank fehlte, seitdem Andrew Jackson die *Second Bank of the United States* mutwillig und aus parteitaktischen Gründen zerstört hatte. Dies führte nun dazu, dass man hier, ganz wie in der Konföderation, die Notenpresse anwerfen musste, was durch den *Federal Banking Act* ermöglicht wurde. Ein geordnetes Bankensystem blieb dessen ungeachtet bis 1913 aus. Erst dann kam es zur Einrichtung der *Federal Reserve* (Fed), die bis heute über die Stabilität des Dollars wacht. Indes fiel die Inflation im Norden nicht so drastisch aus wie beim Gegner. Die Dollars der Konföderation waren von Beginn an praktisch wertlos, während der Dollar der Union 1865 im Vergleich zum britischen Pfund, der Leitwährung des 19. Jahrhunderts, nur den tiefsten Stand seiner Geschichte verzeichnete. Vereinzelt finanzierten vermögende Männer, etwa ein Erbe des Hauses Astor, ganze Regimenter aus eigener Tasche, obwohl die Solidarität der Reichen mit der Sache der Union nicht eben überschwänglich ausfiel. Dessen ungeachtet boten die New Yorker Banken und die Wall Street die Chance, Kredite und Staatsanleihen aufzunehmen, um die Kriegskosten einigermaßen zu decken.

Ähnliches wird man über die Umstellung der Wirtschaft auf Kriegsproduktion sagen müssen. Die Union verfügte schlicht nicht über den bürokratischen Apparat und die staatlichen Einrichtungen, die notwendig gewesen wären, um – wie Deutschland, die USA oder Frankreich im Ersten Weltkrieg – zu einer halbwegs kohärenten Produktionssteigerung zu kommen. Man war vielmehr auf eine enge Kooperation mit der Privatwirtschaft angewiesen, die dann auch ihr Bestes tat, um nach gewissen Anlaufschwierigkeiten die Unionsarmee mit Nachschub zu versorgen. Allerdings wurde häufig minderwertige und fehlerhafte Ware geliefert, was zum Teil auf technische Probleme in der Produktion, zum Teil aber auch auf Korruption, Vetternwirtschaft und Missmanagement zurückzuführen war. Bei Soldaten, die der Demokratischen Partei nahestanden, führte dies, nachdem die erste patriotische Kriegsbegeisterung 1862 verflogen war, zu beständigen Unruhen. Sie konnten sich des Eindrucks nicht erwehren, dass diejenigen, die wie ein John D. Rockefeller, ein Andrew Carnegie, der das militärische Telegrafensystem organisierte, oder gar ein John Pierpont Morgan vom Bankhaus Drexel, Morgan und Co. einfach daheimblieben, die wahren Gewinner dieses Krieges seien. Da viele dieser Kriegsgewinnler zudem Abolitionisten aus der Mittelklasse waren, die selten oder nie an Kampfhandlungen teilnahmen, verdichtete sich bei manchen Soldaten der Unionsarmee das unbehagliche Gefühl, Drückeberger und Spekulanten würden sie an der Front verheizen und ihre eigenen Interessen auf Kosten der Armen gewinnträchtig durchsetzen. Ähnliche Gefühle fanden sich in den konföderierten Streitkräften. Im Unterschied zu den folgenden Kriegen, die ganz ähnliche Vorbehalte hervorbrachten, waren die Vorwürfe des Spekulantentums allerdings noch nicht antisemitisch motiviert, sondern entsprangen diffusen Klassenvorbehalten gegenüber «den Reichen». Insgesamt wird man gleichwohl sagen dürfen, dass die nordamerikanische Industrie, trotz der strukturell defizitären Ausgangsbedingungen, sehr wohl in der Lage war, die Grundbedürfnisse der Unionssoldaten zu erfüllen.

Interessanterweise hatte der Bürgerkrieg jedoch nicht den Einfluss auf die Industrialisierung, den man theoretisch von ihm erwartet hätte. Noch vor wenigen Jahrzehnten hatten Historiker in diesem Zusammenhang gerne von der «zweiten amerikanischen Revolution» gesprochen. Sie waren davon ausgegangen, dass die durch den Krieg induzierte Nachfrage die industrielle

Produktion im Norden regelrecht angeheizt hätte. Dem aber war nicht so. Ganz im Gegenteil stagnierte, verglichen mit den Jahrzehnten der Antebellumära und des *Gilded Age* ab 1877, die Industrieproduktion in den gesamten USA. Dies schien zu belegen, dass der Bürgerkrieg gerade kein totaler Krieg, sondern, überspitzt gesagt, ein Krieg der vorindustriellen Vormoderne gewesen war, in dem auf beiden Seiten schlecht ausgerüstete Soldaten mit mangelhafter Technologie einen Krieg des 18. Jahrhunderts führten. Beide Positionen werden der Realität des Krieges nicht völlig gerecht. Tatsächlich hielt sich der industrielle Charakter des Bürgerkrieges im Vergleich mit dem 20. Jahrhundert und seinen Weltkriegen in überschaubaren Grenzen. Zieht man allerdings das 18. und frühe 19. Jahrhundert hinzu, sieht das Bild erheblich differenzierter aus. Man wird am ehesten von einem Krieg sprechen können, der einen Übergang zum modernen, industriellen und technologischen Krieg mit vormodernen Organisationsmitteln markierte.

3. Zögerlicher Beginn: Die Ereignisse der Jahre 1861 und 1862

Im Norden konnte man die Sezession des tiefen Südens kaum anders denn als Verrat auffassen. Mochte die Frage ungeklärt sein, ob Staaten das Recht hatten, aus der Union auszutreten, faktisch kam dies für die Mehrheit der Menschen längst nicht mehr infrage. Zudem waren viele von ihnen, selbst kluge politische Beobachter, von der Radikalität der südstaatlichen Reaktionen auf die Wahl Lincolns überrascht. Der neue Präsident hatte ja noch nichts Konkretes getan und sein bisheriges Verhalten ließ kaum auf einen ausgeprägten Radikalismus schließen. Er hatte noch nicht einmal sein Amt angetreten. In Washington regierte noch sein Amtsvorgänger Buchanan, der es fertigbrachte, die Sezession zu verwerfen, gleichzeitig aber prinzipiell das Recht auf Austritt aus der Union zu bejahen. In aller Öffentlichkeit erklärte er die Abolitionisten zu den Hauptschuldigen am gegenwärtigen Zustand. Vor allem aber wollte er den Bürgerkrieg vermeiden und keine Gewalt anwenden. Immerhin befahl er, die Garnison in der kleinen, noch nicht fertiggestellten Festung Fort Sumter in der Hafeneinfahrt von Charleston, South Carolina, um 200 Mann zu verstärken, obwohl die Emissäre South Carolinas ihn bestürmten, diesen Unionsstützpunkt zu räumen. Aber Buchanan und eine ganze Reihe anderer Politiker ließen sich nicht allein von ihren Sympathien für die Sache des Südens leiten. Noch waren in den Sklavenstaaten des oberen Südens die Würfel nicht gefallen. In Virginia, North Carolina, Tennessee, Kentucky, Maryland, Delaware und Missouri tobte der Meinungskampf zwischen den – noch minoritären – Befürwortern und den Gegnern der Sezession. Schon aus geostrategischen Gründen war es notwendig, wenigstens einige dieser Staaten bei der Union zu halten. Ein Abfall Missouris oder Marylands wäre einer Katastrophe gleichgekommen. Dies legte einen Kompromissversuch im Geiste des 1852 verstorbenen Henry Clay nahe. Kaum zufällig war es John J. Crittenden, wie Clay aus Kentucky stammend und ebenfalls ein früherer Whig, der diesen letzten Anlauf zur Friedenssicherung unternahm. Crittenden schlug vor, faktisch den Missouri-Kompromiss zum Ausgangspunkt für einen Verfassungszusatz zu machen, der die Sklaverei südlich der damals festgelegten Linie rechtlich unangreifbar gemacht hätte. Dies hätte freilich bedeutet, dass dort selbst in Staaten wie Kalifornien, wo zu diesem Zeitpunkt die Sklaverei verboten war, das Sklavenhaltersystem hätte eingeführt werden können oder gar müssen. Für all jene, die aus der *Free Soil*-Bewegung oder von den *Old Line Whigs* in die Republikanische Partei gefunden hatten, war ein solches *amendment* der Verfassung schlechterdings inakzeptabel. Auch Abraham Lincoln war bereit gewesen, die Sklaverei verfassungsrechtlich abzusichern, nicht aber, ihre weitere Expansion zu befördern. Das war für die heterogene republikanische Koalition, die gerade erst die Wahlen gewonnen hatte, die rote Linie, die nicht überschritten werden durfte. Der Crittenden-Plan fand daher keine Mehrheit. Obendrein fehlte den konföderierten Staaten jegliche Kompromissbereitschaft. Sie waren längst auf eine Strategie des Alles oder Nichts umgeschwenkt. Dies zeigte sich erneut im Verlauf einer Geheimkonferenz, zu der sich am 27. Februar 1861 Vertreter nahezu sämtlicher Staaten der ehemaligen Union trafen. Obwohl sie eigentlich dabei helfen sollte, den Frieden durch weitere Zugeständnisse an den Süden zu sichern, zeigte sie nur, dass inzwischen selbst die Delegierten Virginias von der Stimmung im tiefen Süden angesteckt worden waren. Man wollte es den Abolitionisten und Republikanern ein für alle Mal zeigen. Umgekehrt verhärtete sich die Position der Republikaner. Sie beharrten auf der unumkehrbaren Einheit der Union. Sezession war treuloser Verrat, jeder weitere Kompromiss undenkbar. Unter den evangelikalen Predigern, die lange eine pazifistische Haltung eingenommen hatten, machte die Rede von der Notwendigkeit die Runde, die heilige Erde Amerikas mit dem Blut der Sünder, also der Sklavenhalter, zu reinigen. Dies stieß im Süden erwartungsgemäß auf keine positive Resonanz. Die Stunde der Entscheidung kam spätestens, als Lincoln sich in seiner Inaugurationsrede ohne Wenn und Aber zur Einheit der Union bekannte. Auch sein Kabinett spiegelte diese Stimmung wider. Wohl hatte er mit Außenminister William H. Seward und Postminister Montgomery Blair zwei moderate bis konservative Republikaner berufen, die seiner eigenen nationalistischen Position nahestanden. Gleichzeitig aber fand sich in Gestalt des Finanzministers Salmon P. Chase, obwohl einst Whig, inzwischen seit einem Erweckungserlebnis 1835 Abolitionist und einstiges Haupt der abolitionistischen *Liberty Party*, ein bekennender Radikaler, der ein Jahr später durch den abolitionistischen Kriegsdemokraten Edwin Stanton als Kriegsminister noch Verstärkung erhielt.

Ausgangspunkt für die Kriegshandlungen wurde im Frühjahr 1861, unmittelbar nach Lincolns Rede, die Unionsgarnison von Fort Sumter, die von Major Robert Anderson befehligt wurde. Der Mann aus Kentucky stand treu zu dem Eid, den er als Soldat auf die Union geschworen hatte. Im Norden war er von den regierungsnahen Medien längst zum Helden stilisiert worden, weil er mit seinen recht überschaubaren Truppen inmitten feindlichen Gebiets hartnäckig ausharrte. Nun erklärte Anderson, er benötige binnen weniger Wochen Nachschub oder er müsse seine Stellung räumen. Seward sprach sich heftig dagegen aus. Er ging sogar so weit, einen Ablenkungskrieg mit Spanien oder Frankreich vorzuschlagen, um die Union zur Einheit zu zwingen. Der Rest des Kabinetts plädierte indes für die Konfrontation. Fast gleichzeitig entschlossen sich Ende März und Anfang April Lincoln und sein Gegenspieler Davis in Richmond zum Krieg. Der Entsatz wurde in Marsch gesetzt, und am 12. April 1861 begann der aus Louisiana stammende General Pierre G. T. Beauregard damit, Fort Sumter zu beschießen. Einen Tag später, noch gab es kein Todesopfer zu beklagen, kapitulierte Anderson und zog ab. Union und Konföderation befanden sich im Krieg.

Die Folgen zeigten sich fast augenblicklich. Noch im April zogen sämtliche Unionseinheiten aus Virginia ab, im Mai traten Virginia, North Carolina und Arkansas aus der Union aus und der Konföderation bei, einen Monat später folgte Tennessee, das sich erst einmal für neutral erklärte, dies aber nur kurz durchzuhalten vermochte. Wenn jetzt noch die vier verbliebenen Sklavenstaaten gleichfalls aus der Union austraten, wäre Washington in unmittelbarer Gefahr gewesen. Lincoln vermied daher, sehr zum Ärger der abolitionistischen Radikalen in seiner Partei, jedwede Erwähnung der Sklavereidebatte und wirkte auf viele wie eine Wiedergeburt des späten Buchanan. Ihn plagten schlicht die gleichen Probleme. Zudem erinnerte er seine parteiinternen Kritiker wiederholt daran, dass sie ihre überlegene Moral dem historischen Zufall zu verdanken hatten, im Norden geboren zu sein. Nicht Moral aber, sondern Territorium und Soldaten waren im Moment die entscheidenden Faktoren, wenn man die Union erhalten wollte. Und Lincolns Taktik zahlte sich aus, obschon nicht ohne gravierende Probleme und Folgekosten. Vor allem entschied sich Maryland für den Verbleib in der Union. Hier setzte sich der von Freibauern dominierte Nordwesten gegen den Südosten und das tief gespaltene Baltimore durch. In Delaware war die Entscheidung kaum umstritten, da die Sklavenhalter in diesem Kleinstaat an den Fingern einer Hand abzuzählen waren. Wesentlich wichtiger war Missouri mit seinem quantitativ hohen Anteil von *proslavery ruffians*. Die Fronten des Bürgerkrieges verliefen quer durch den Staat und führten zu zahlreichen gewalttätigen Ausbrüchen. Nur ein entschlossener Handstreich republikanischer Einheiten, darunter viele deutsche Migranten aus der Generation der 1848er, hielt St. Louis und damit den Staat in der Union. Ähnliches geschah in Kansas, das wenig später den Territorialstatus abstreifen konnte und die vollen Rechte eines Staates erhielt. Kentucky versuchte es wie Tennessee erst mit der Neutralität. Aber wie in Maryland, Missouri und Kansas zerbrachen hier ganze Familien, etwa die Crittendens, wo der Vater neutral, ein Sohn Unionist und einer Konföderierter war, und schließlich schloss sich der Staat ebenfalls der Union an, obwohl ganze Regimenter der Kentucky-Miliz zur Konföderation überliefen. Auch in Missouri und Maryland bildeten sich konföderierte Einheiten. Umgekehrt hielten West-Tennessee und West Virginia an ihrer traditionellen Loyalität zur Union fest und stellten ihrerseits keine konföderierten, sondern Unionsregimenter.

Aber auch weit hinter den aktuellen Frontlinien war das Bild im Frühjahr 1861 unklar. Die Demokraten des Nordens oder wenigstens das, was von ihnen übriggeblieben war, zeigten sich zwischen Unionspatriotismus, Rassismus und Verständnis für die Anliegen des Südens hin- und hergerissen und suchten verzweifelt nach gemeinsamen Grundlagen. In Illinois, Indiana, Ohio, Pennsylvania sowie in Kansas fanden sich viele Demokraten, die ihre Sympathien für das Sklavenhalterregime in Richmond offen zeigten. Mehrheitlich handelte es sich um kleine Farmer und Handwerker, die nicht selten aus den Südstaaten zugezogen waren. Selbst wenn sie der Sklaverei aus wirtschaftlichen Motiven heraus skeptisch gegenüberstanden, hielten sie aufgrund ihrer rassistischen Mentalität zum Süden. Sie fanden Verbündete unter den irischen Katholiken in New York und Massachusetts. Gemeinsam formierten diese prosüdlichen Kräfte, die meinten, man solle die Konföderation kampflos ziehen lassen, die sogenannten *Peace Democrats*, eine Minderheit innerhalb der Demokratischen Partei. Sie waren nicht notwendig illoyal gegenüber der Union, obwohl sie unter permanentem Verdacht standen, aber im Krisenfall konnte man sich auf sie kaum verlassen. Die Mehrheit der Demokraten aber waren *War Democrats*, die bald eine Koalition der nationalen Einheit mit den Republikanern formten. Es waren diese Kriegsdemokraten, die gemeinsam mit vielen

Republikanern schnell Lincolns Ruf nach Freiwilligen für die Unionsarmee folgten. Sie waren unverzichtbar für den Erhalt der Union, da sie anfangs eine Mehrheit der Mannschaftsdienstgrade, vor allem aber des Offizierskorps der Union stellten.

Angesichts der unklaren und gespannten Situation kam es im Norden bald zu dem Bemühen, Einheit durch Druck herzustellen. Republikaner und Kriegsdemokraten entfalteten eine euphorisch anmutende unionspatriotische Stimmung, die partiell an das sogenannte Augusterlebnis von 1914 erinnert. Wie 1914 war die Begeisterung heftig, blieb aber auf einen überschaubaren Kreis der Bürgerschaft beschränkt. Die Befürworter des Kriegs zwangen jeden, den sie verdächtigten, mit dem Süden zu sympathisieren, Unionsfahnen zu hissen, darunter mit besonderer Vorliebe katholische Priester. Immerhin kam ein Teil der Republikaner aus der antikatholischen nativistischen Bewegung der 1850er Jahre, die den Katholizismus für den Zerfall der Union verantwortlich machte. Ein regelrechter symbolischer Kult um *Old Glory*, das Sternenbanner der Union, entfaltete sich. Gewalttätige Schlägerbanden erniedrigten und verprügelten vorgebliche Verräter und Feinde der Union. Im Süden gab es vergleichbare Versuche, ein Mindestmaß an Kriegsbegeisterung zu erzwingen.

Die militärische Führung beider Seiten hatte unterdessen ganz andere Sorgen. Ihr fehlte es an einem Plan. Die Staaten der Sezession hatten es relativ leicht, da sie auf Abwarten setzen konnten und notgedrungen auch mussten. Im Norden wären viele kriegsdemokratische Generäle, allen voran George McClellan, diesem Vorbild nur allzu gerne gefolgt. Aber je mehr Zeit bis zu einem entscheidenden Sieg der Union verstrich, umso schwieriger würde es, die Einheit des Staatswesens wiederherzustellen. Aus diesem Grunde forderte die Politik energisch eine militärische Aktion. Schließlich hatten beide Kriegsparteien, ohne zu ahnen, was ihnen bevorstand, die Mär in die Welt gesetzt, dieser Krieg werde nur ganze 90 Tage dauern. Allein für diesen Zeitraum waren die Freiwilligen einberufen worden. Sollten sie nicht unverrichteter Dinge umkehren, musste gehandelt werden. Daher drängten Senatoren und am Ende auch der Präsident auf eine Schlacht, die alles wieder ins Lot bringen sollte. Dieses beständige Eingreifen der politischen Führung sollte die Kriegführung des Nordens in den kommenden vier Jahren ernsthaft behindern. Schlachten wurden aus politischen, nicht aus militärischen Gründen auf bestimmte Termine gelegt, und die einmal eingeschlagene militärische Marschroute konnte nicht eingehalten werden. Da hatte es der Süden zur Abwechslung leichter. Zwar standen auch die Befehlshaber der Konföderation unter politischem Druck, aber es fehlte ein Machtzentrum, das diesen Druck auf Dauer hätte aufrechterhalten können. Inmitten dieser Unklarheit kam es am 21. Juli 1861 bei Manasses oder Bull Run zur ersten großen Schlacht des Bürgerkriegs. Zum ersten Mal überhaupt wurden auf dem nordamerikanischen Kontinent Heere von mehreren 10 000 Mann gegeneinander geführt. Keine der beiden Kriegsparteien war darin geübt, solche Truppen zu leiten. Viele Politiker und Angehörige der besseren Gesellschaft Washingtons waren an diesem Tag vor die Tore der Stadt gefahren, um dem verheißungsvollen Spektakel beizuwohnen. Man trank Tee und picknickte, während ein unwilliger General McDowell für die Union und General Beauregard, unterstützt vom bald zur Legende gewordenen General Thomas Jackson, genannt Stonewall, ihre Einheiten in die Schlachtordnung brachten. Dabei wurde dann rasch – und je länger der Krieg dauerte, desto mehr – deutlich, wie obsolet und anachronistisch die militärischen Taktiken waren, auf die sich beide Kriegsparteien stützten. Entgegen den Erfahrungen des Krimkriegs, und obwohl man erkennen musste, über welche Vorteile die militärische Defensive dank Schützengräben, Minié-Geschossen und *Gatling Gun* inzwischen verfügte, marschierten immer noch, wie zu Zeiten Friedrichs II. von Preußen oder Napoleons I., geschlossene Infanterieformationen mit gefälltem Bajonett über ein zuvor von der Artillerie vorbereitetes Schlachtfeld. Entsprechend hoch wurden im Verlauf des Bürgerkriegs die Verlustzahlen bei den zum Teil mehrtägigen Schlachten. Besonders dramatisch war der Bedeutungsverlust der Kavallerie, auf die insbesondere der Süden seine Hoffnungen gesetzt hatte. Unter den Bedingungen moderner industrieller Kriegführung war sie dazu verdammt, in irregulären Partisaneneinsätzen oder zur Aufklärung eingesetzt zu werden. Schlachtentscheidend war sie nicht mehr.

Fast alle Soldaten, die sich bei Manasses gegenüberstanden, waren Freiwillige, die sich nach den Aufrufen Lincolns und Davis' zu den Fahnen gemeldet hatten, im Norden etwa 75 000 Mann. Binnen weniger Stunden brach die Moral der schlecht ausgerüsteten, undisziplinierten und miserabel geführten Unionstruppen zusammen. Die von Stonewall Jackson herangeführten Verstärkungen entschieden das Schicksal von McDowells Armee. In kopfloser Flucht warfen die Männer ihre Waffen weg und stürmten, behindert von den gleichfalls von Panik ergriffenen Zivilisten, einfach davon. In diesem Moment wurde die Schlacht für die Union zum Desaster, obschon insgesamt auf beiden Seiten nur rund 5000 Mann starben. McDowell wurde als Kommandant durch McClellan abgelöst, der gewiss ein fähiger Organisator, aber zugleich ein unglaublich vorsichtiger Befehlshaber war. Überdies neigte er dazu, permanent die Stärke seines Gegners zu überschätzen. Auch die politischen Folgen waren gerade für die radikalen Republikaner katastrophal. In der Crittenden-Deklaration vom 25. Juli 1861 wurde nun ausdrücklich festgehalten, dass der Krieg ausschließlich zum Erhalt der Union und nicht zur Lösung der Sklavenfrage geführt würde. Auf diese Weise sollte der Übertritt weiterer Sklavenstaaten in die Konföderation verhindert werden.

McClellan hatte in den Augen der Administration einen großen Vorteil. Bereits vor dem Debakel von Manasses hatte er seinem Förderer Winfield Scott, dem greisen Helden des Mexikokrieges, einen Plan vorgeschlagen, wie man die Konföderation relativ zügig besiegen könnte. Scott hatte McClellans Vorschlag aufgenommen und in ein strategisches Gesamtkonzept umgegossen, das dann in den nächsten vier Jahren das militärische Handeln der Union bestimmte: den berühmt-berüchtigten Anakonda-Plan. Dieser hatte einen denkbar simplen Ausgangspunkt, nämlich den einfachen Blick auf die Landkarte und eine ebenso einfache Bestandsaufnahme der eigenen Streitkräfte. Der Blick auf die Landkarte führte vor Augen, dass die Konföderation mit ungünstigen topographischen Gegebenheiten zu kämpfen hatte, welche die institutionellen Strukturmängel noch gravierender machten. Wie einst Gallien zerfiel die Konföderation durch die Appalachees und den Mississippi in drei Teile, die wiederum drei voneinander relativ unabhängige Operationsgebiete ergaben. Diese Trennung galt es auszunutzen. Gleichzeitig hatte die Union die absolute Überlegenheit bei den Seestreitkräften. Dies erlaubte zum einen amphibische Landungsoperationen an ausgewählten Punkten und ermöglichte zum anderen eine international anerkannte Seeblockade. Eine solche erforderte nämlich die Möglichkeit, alle hochseetauglichen Häfen des Feindes abzuschnüren. Der Anakonda-Plan Scotts sah nun vor, erst von der See her den Süden einzukesseln und ihn dann langsam zu erdrücken. Wenn dieser erste Teil des Plans Erfolg zeitigte, konnte man zuschlagen und entlang der beiden Einfallsrouten, der Appalachee Mountains und vor allem des Mississippitals, in den Süden einmarschieren, um ihn zu zerteilen. Auf dem Papier besaß dieser Plan eine gewisse Eleganz. Aus politischer Sicht hatte er allerdings das Problem, dass seine Umsetzung weitaus mehr als nur 90 Tage in Anspruch nehmen würde, außerdem würde er unter humanitären Gesichtspunkten für weite Teile des Südens angesichts einer umfassenden Blockade, von der auch Nahrungsmittel betroffen sein würden, eine Katastrophe bedeuten. Nach Manasses hatte sich der erste Punkt indes erledigt und Lincoln wischte sämtliche humanitären Bedenken vom Tisch. Die Union, so der Präsident immer wieder apodiktisch, müsse ihre Überlegenheit an Menschen und Material rücksichtslos einsetzen. Hohe Verluste waren für den Norden problematisch, für den Süden aber tödlich. McClellan als Vordenker von Scotts Strategie erschien in der gegebenen Situation genau der richtige Mann am richtigen Ort.

Im Frühjahr 1862 wurden dann endlich erste Elemente der amphibischen Kriegführung im Rahmen des Anakonda-Plans in die Praxis umgesetzt. Gegen den Widerstand der relativ schwachen konföderierten Marineverbände gelang die geplante Seeblockade. Eine Reihe kleinerer Inseln vor der Küste konnte eingenommen werden. Viel wichtiger war allerdings die Fähigkeit der Union, den Seehandel der Konföderierten erfolgreich einzudämmen und fast, von einigen waghalsigen Blockadebrechern abgesehen, zum Erliegen zu bringen. Der neue Staatenbund war damit ökonomisch komplett isoliert und verlor mit dem Baumwollhandel seine einzige Chance, Devisen für den Ankauf moderner Waffen und gepanzerter Schiffe in Großbritannien, Österreich und Frankreich zu erwirtschaften. Zu diesem offenkundigen Erfolg in der Wirtschaftskriegführung, dessen Wert anfangs nicht allen einsichtig war und der deswegen in der Unionspresse kaum festgehalten wurde, kam dann noch ein größerer militärischer Sieg. Im Frühjahr 1862 landeten Unionstruppen in Louisiana und eroberten am 25. April New Orleans. Damit hatten die Südstaaten ihren wichtigsten Hafen eingebüßt, ihre mit Abstand größte Stadt und eines der wenigen Zentren frühindustrieller Produktion. Aber diese Niederlage war über die wirtschaftlichen Aspekte hinaus bedeutsam. Zum einen nutzten Lincoln und seine Administration Louisiana ähnlich wie die Inseln vor der Küste der Carolinas als Experimentierfeld für die Nachkriegszeit. Auf den Inseln wurden landwirtschaftliche Musterbetriebe für freie Schwarze eingerichtet. Da dies von männlichen und vor allem weiblichen Abolitionisten, die dort als Lehrer tätig waren, massiv unterstützt wurde, diente dieses Experiment der demokratischen, rassistischen Propaganda als Musterbeleg für ihre These, die Abolitionisten planten, eine Mischlingsrasse zu zuchten, um die weiße Rasse zu vernichten. Von den Erfolgen dieser Einrichtungen, welche die Absurdität dieser Behauptungen belegten, wollte niemand etwas wissen. Der Umgang mit Louisiana war mindestens ebenso umstritten. Die Unionsregierung verfolgte dort zum Entsetzen vieler radikaler Republikaner einen ausgesprochen moderaten Kurs. Angesichts heftiger Sympathien für die Union unter freien Schwarzen und kreolischen Whigs konnte man es sich leisten, Louisiana ganz regulär wieder in die Union aufzunehmen. Der Staat stellte eigene Senatoren und Repräsentanten, was dazu führte, dass er gleichzeitig in der Union und der Konföderation vertreten war. Entsprechend kämpften Soldaten aus Louisiana auf beiden Seiten der Front. An den Eigentumsverhältnissen und der Sklaverei wurde, den Vorgaben der Crittenden-Deklaration folgend, nichts geändert.

Zum anderen war die Einnahme von New Orleans und des südlichen Teils von Louisiana militärisch von großer Bedeutung. Von nun an konnte der Anakonda-Plan von zwei Seiten her umgesetzt werden. Zwischen Februar und Juni 1862 rückte die Cumberland-Armee unter maßgeblicher Führung der Generäle Ulysses S. Grant und William Rosecrans den Mississippi entlang nach Süden vor. Bei Fort Henry, Fort Donelson und Shiloh wurden die konföderierten Kontingente besiegt, ebenso wurde im Herbst ein Gegenvorstoß der Südstaatler bei Perryville in Kentucky abgewehrt. Am 6. Juni 1862 fiel Memphis, Tennessee, in die Hände der Union. Gleichzeitig stießen Unionsverbände von New Orleans aus allmählich gen Norden vor. Avisierter Treffpunkt war die Festung Vicksburg, der am besten befestigte Ort im Mississippital. Wurde diese Festung erobert, war die Konföderation faktisch in zwei Teile gespalten.

Im März 1862 begann dann auch McClellan nach langem Zaudern mit seinen Operationen an der kriegsentscheidenden Front in Virginia. Hier standen die besten konföderierten Truppen unter den besten Anführern, darunter Stonewall Jackson, J. E. B. Stuart, Jubal Early und Robert E. Lee. Während die Küstengebiete der Südstaaten relativ rasch unter Kontrolle der Unionsmarine gebracht werden konnten, verliefen die Landoperationen nicht ganz nach den Erwartungen von Regierung und Generalität. Im März und Juni 1862 eroberte Nathaniel Banks im Verlauf seiner Shenandoah-Kampagne West Virginia und schuf so die Grundlagen für die Errichtung des neuen Bundesstaates. Allerdings wurden seine Einheiten dann von Stonewall Jackson zurückgeschlagen. Weiter im Osten sah es schon so aus, als würde die Hauptstadt der Konföderation, Richmond im nördlichen Virginia, demnächst fallen, ehe die Unionstruppen in der Sieben-Tage-Schlacht vom 25. Juni bis zum 1. Juli 1862 eine verheerende Niederlage erlitten. Wieder war es Stonewall Jackson, der Lee Hilfe leistete, allerdings langsamer und weniger enthusiastisch als sonst. Die Unionstruppen verloren 16 000 Soldaten, die *Army of Northern Virginia* hingegen 20 000. Obschon sie operativ das Heft in der Hand behalten hatte, war klar, dass die Konföderation sich nicht mehr viele solcher Siege leisten konnte.

Nach der Sieben-Tage-Schlacht übernahmen Lee und die anderen Südstaatler die Initiative und marschierten gen Norden. Im August 1862 wurden die Nordstaatler bei Manasses zum zweiten Mal besiegt. Dann aber kam es bei dem Versuch einer Invasion Marylands zu einer bitteren Niederlage für den Süden, die am Ende bei weitem weniger schlimm ausfiel, als es hätte sein können. McClellan hatte nämlich durch einen Zufallsfund kurz vor Beginn der Schlacht von Sharpsburg (Antietam) Kenntnis sämtlicher Pläne Lees erhalten. Aber weil McClellan wie üblich zögerte, gelang es den Konföderierten nach einer unglaublich hart geführten Schlacht, eben noch zu entkommen. Es war die blutigste Einzelschlacht des Krieges, ja der gesamten amerikanischen Geschichte. Binnen 24 Stunden ließen über 23 000 Soldaten ihr Leben. Ganze Regimenter wurden nahezu ausgelöscht. Ungeachtet des Erfolges war Präsident Lincoln mit dem Vorgehen McClellans zutiefst unzufrieden. Dieser war bereits als Oberkommandierender der Armee abgelöst worden. Nun ersetzte ihn Ambrose Burnside als Befehlshaber der wichtigsten Unionstruppe, der *Army of the Potomac*. Burnside suchte nun verstärkt die Offensive, um dem Süden den Rest zu geben. Aber bei Fredericksburg mussten die Unionsstreitkräfte eine neuerliche verheerende Niederlage hinnehmen. Das Jahr 1862 endete militärisch im Osten mit einer Pattsituation, die niemanden zufriedenstellen konnte.

4. Emanzipation: Die Radikalisierung in der Sklavenfrage und an der Heimatfront

Immerhin bedeutete die Schlacht von Sharpsburg für die Union auf der politischen Ebene einen entscheidenden Schritt nach vorn. Die Sklavenfrage konnte auf die Tagesordnung gesetzt werden. Zuvor war dies nahezu unmöglich gewesen, da die Niederlagenserie seit der fehlgeschlagenen Kampagne im Shenandoah-Tal die Vermutung nahegelegt hätte, die Union habe einen verzweifelten Schritt nötig, um sich der Unterstützung des Auslands, vor allem Großbritanniens, zu versichern. Lincoln hatte seine radikalen Parteifreunde in dieser Frage stets gebremst, um auf einen günstigen Zeitpunkt zu warten. Die Siege an der Westfront hatten die Gefahr eines Abfalls von Missouri minimiert, durch Sharpsburg galt Maryland als relativ sicher. Jetzt schien die Zeit zum Handeln gekommen, zumal die Sklaverei keineswegs allein ein Problem der radikalen Republikaner war. Mit jedem Erfolg des Nordens bei der Umsetzung des Anakonda-Plans und mit jedem Vormarsch in konföderiertes Territorium stellte sich die Frage ganz praktisch, wie man mit erbeuteten oder geflohenen Schwarzen umgehen sollte. Bereits im Mai 1861 hatte der radikal abolitionistische Unionsgeneral Benjamin Butler erklärt, die Schwarzen in der Hand der Unionstruppen seien «Konterbande», also Feindeigentum, das von den Unionstruppen genutzt werden könne. Manche Truppenkommandeure hatten diesen Befehl so verstanden, als seien sie regelrecht verpflichtet, den südstaatlichen Sklavenhaltern ihr Eigentum ungeachtet des laufenden Krieges zurückzugeben, was wiederum dazu führte, dass einige der Flüchtlinge von ihren Herren zu Tode gepeitscht wurden. Dies löste unter republikanischen Offizieren erheblich mehr Unruhe und Entsetzen aus als unter Demokraten. Insbesondere General Frémont, der republikanische Präsidentschaftskandidat von 1856, protestierte gegen Butlers Prozedere, das im ersten *Confiscation Act* vom August 1861 regierungsamtlich bestätigt worden war. Angesichts wachsender Kritik von allen Seiten kam es im Juli 1862 zu einer Novelle des *Confiscation Act*, die sämtlichen Sklaven in Händen der Unionsarmee die Freiheit zusicherte. Dieses neuerliche Gesetz wurde dann zur Grundlage der schwarzen Siedlungen an der Küste der beiden Carolinas, die in der demokratischen Propaganda eine überragende Rolle spielten. Parallel zum zweiten *Confiscation Act* wurde der *Militia Act* erlassen, der es befreiten Schwarzen erlaubte, sich zum Militär zu melden, was ebenfalls bei der Opposition auf erhebliche, rassistisch motivierte Widerstände stieß. Mit beiden Gesetzesnovellen erreichte aber auch die Diskussion über eine allgemeine Sklavenbefreiung und damit eine Abkehr von der Crittenden-Deklaration einen neuen Höhepunkt. Die radikalen Republikaner drängten Lincoln wiederholt zu mehr Aktivität. Umgekehrt hatten sich die Repräsentanten Missouris im Verlauf der Debatte um den zweiten *Confiscation Act* ausdrücklich zusichern lassen, dass eine allgemeine Sklavenemanzipation schon aus verfassungsrechtlichen Gründen keinesfalls infrage käme. Gemäß der Rechtsauffassung der Sklavereibefürworter im Unionsparlament verfügte die Bundesregierung weder als solche noch in Kriegszeiten über das Recht, Privateigentum aufzuheben. Demgegenüber setzte vonseiten der Radikalen eine Debatte über einen möglichen Verfassungszusatz ein, mit dessen Hilfe die Sklaverei endgültig überwunden werden sollte. Schließlich standen die regulären Zwischenwahlen des Jahres 1862 ins Haus und einige moderate republikanische Parteistrategen, darunter Seward, befürchteten herbe Verluste der Partei für den Fall eines zu energischen Vorgehens in der Sklavereifrage. Lincoln befand sich also in einer echten Zwickmühle, aus der es keinen Ausweg zu geben schien. Diesem konkreten Zusammenhang entstammte sein berühmtes Diktum, er werde die Union retten, gleichgültig ob er dafür alle Sklaven, einige Sklaven oder gar keinen Sklaven befreie. Der Primat der Einheit der Union schien demnach weiterhin gesichert. Kaum jemand wusste jedoch, dass Lincoln bereits den Text für eine Emanzipationsproklamation der Bundesregierung in der Schublade seines Schreibtisches im Weißen Haus aufbewahrte.

Fünf Tage nach der Schlacht von Sharpsburg präsentierte Lincoln einer erstaunten Öffentlichkeit den Entwurf der *Emancipation Proclamation*. Dieser wich aber noch erheblich von der Endfassung ab, die bis heute zu den zentralen Dokumenten der Weltgeschichte des 19. Jahrhunderts zählt. Vor allem hielt Lincoln weiterhin an seiner alten Idee der Kolonisation fest. Die befreiten Schwarzen sollten entweder nach Afrika oder nach Lateinamerika umgesiedelt werden. Dieser Punkt erregte unter schwarzen und radikalen Politikern einiges Aufsehen. Insbesondere Frederick Douglass sah sich dadurch veranlasst, Lincoln mehrfach aufzusuchen, um ihn von diesem Ideal der alten gradualistischen Emanzipationsbewegung abzubringen. Neben den Anhängern der Emanzipation meldeten sich die Gegner zu Wort. Einige Demokraten forderten ein *impeachment*, ein Amtsenthebungsverfahren gegen den Präsidenten. Wie Seward und andere vorausgesehen hatten, tobte die demokratische Presse. Die

Emanzipationsproklamation sei nichts anderes als eine Aufforderung zu Mord, Rassenkrieg und Massenvergewaltigungen im Süden, ein Angriff auf die Unantastbarkeit des Eigentums, ein Bruch der Verfassung und Verrat an den ursprünglichen Kriegszielen der Union. Damit hätten sich die Radikalen endgültig durchgesetzt. Im Endeffekt nutzte den Demokraten dieses Argument wenig. Im November gelang es ihnen zwar, den Republikanern im Kongress einige Sitze abzunehmen, aber ein entscheidender Wahlsieg ihrer Partei blieb aus.

Lincoln modifizierte daraufhin den ursprünglichen Text und strich alle Sätze, die sich auf Kolonisationsprojekte bezogen. Am 1. Januar 1863 veröffentlichte er die endgültige Version der *Emancipation Proclamation*. Bis zu einem gewissen Grade stellte die Erklärung eine politische Mogelpackung dar, denn ihr unmittelbarer Effekt war gleich null. Nicht ein einziger Sklave wurde an diesem Tag faktisch befreit, da sich der Text ausschließlich auf jene Gebiete bezog, die am Tag der Veröffentlichung hinter den Frontlinien der Konföderation lagen. Sämtliche der Union zugehörigen oder von ihr besetzten Territorien waren von der Emanzipation der Sklaven ausgenommen. Dies mindert gleichwohl die Relevanz der Proklamation nicht im Mindesten. Auf der einen Seite war sie ein deutliches symbolisches Signal an die Amerikaner und den Rest der Welt. Dieser Krieg wurde nicht mehr nur geführt, um die Einheit der Union zu erhalten. Er war ein moralischer Krieg geworden, dessen Hauptziel nunmehr die Befreiung aller Sklaven in den Südstaaten war. Und war es ein Zufall, dass der Präsident und seine Regierung just zu diesem Zeitpunkt, 1863 nämlich, begannen, die politische Semantik umzustellen und von der Nation anstelle der Union zu sprechen? Kaum! Mit der Emanzipationsproklamation war der Rubikon vom konservativen «Krieg um Union und Konstitution» zum aggressiven liberalen, nationalen Einigungskrieg überschritten; der moralischen Überhöhung der Kriegsziele entsprach das Umschalten auf die Nation als Letztinstanz der Kriegführung. Die Bundesregierung beanspruchte für sich Rechte, die dem positiv gesetzten Recht nicht zu entnehmen waren, allenfalls dem naturrechtlichen *ius in bello*, dem

Recht im Kriege. Nach dem Rechtsverständnis der Union hatten Sezession und Konföderation keine eigene Staatlichkeit begründet. Damit befanden sich die Sklavenhalter im Zustand der Rebellion und konnten entsprechend enteignet werden. Wie dem immer auch gewesen sein mag, der Schritt selbst war verfassungsrechtlich fragwürdig und wurde im Grunde erst durch das XIII. *Amendment* zur Verfassung im Jahre 1865 im Nachhinein legalisiert. Aus politischen und moralischen Gründen erschien er indes notwendig. Zugleich stärkte er die Machtansprüche der Exekutive unter den spezifischen Bedingungen des Krieges.

Auf der anderen Seite ging das Signal ebenso an die Sklaven des Südens. Sie wurden nun aktiv zur Flucht ermuntert. Lincoln hatte überdies billigend in Kauf genommen, dass sich tatsächlich Schwarze an ihren Herrschaften rächen würden, wenngleich es dazu nur in seltenen Ausnahmefällen kam. Die Sklaven verzichteten mehrheitlich auf Gewalt. Aber allein ihre Flucht reichte aus, die Weißen in den Südstaaten zutiefst zu verbittern. Ab 1863 häuften sich Berichte, dass alle Sklaven einer Plantage auf einmal flohen, wenn die Unionstruppen näher rückten, darunter auch die Haussklaven. Die Südstaatler standen damit vor den Trümmern ihres paternalistischen Weltbildes. Selbst jene Sklaven, von denen sie fest geglaubt hatten, sie seien unter allen Umständen loyal, hatten nichts Besseres zu tun, als augenblicklich zu fliehen, wenn sich die Chance dazu eröffnete. Die Reaktionen waren oft genug blanker Hass und ein immer maßloser werdender Rassismus. Man versteht die Gewaltbereitschaft und die Brutalität weißer Reaktionen nach dem Bürgerkrieg im Süden nicht, wenn man nicht die doppelte Erfahrung des Zusammenbruchs, nämlich sowohl der politischen wie ökonomischen Dominanz der Weißen als auch ihre Bitterkeit über den angeblichen «Verrat» der schwarzen Sklaven und damit die nachträgliche Desavouierung des Paternalismus, in das Kalkül einbezieht.

Mit der Emanzipation kam freilich auch der *Conscription Act*, der Beginn der Wehrpflicht. Die soziokulturellen Dynamiken und Spannungen des *draft* sorgten in Verbindung mit der Emanzipation für Unruhe unter den Angehörigen der Unterklasse in den amerikanischen Großstädten. Allen voran die

Katholiken, Iren und Deutsche gleichermaßen, waren empört. Ihnen war die Sklavenfrage entweder egal oder sie lehnten jede Emanzipation aus wirtschaftlichen Gründen ab. Aus diesem Grunde begannen irische Zeitungen in New York und Boston, in Philadelphia und Cincinnati mit einer Flut hitziger Artikel auf Lincolns Schritt zu antworten. Damit war die Administration herausgefordert. Sie reagierte, indem sie Maßnahmen, die bereits seit 1861/62 erlassen worden waren, intensivierte und rigider anwandte. Dazu zählte beispielsweise die Einschränkung der *habeas-corpus*-Akte, das heißt der Schutz vor willkürlicher Verhaftung. Ferner hatte der Präsident den Geltungsbereich der Militärgerichtsbarkeit und der Macht der *provost marshals*, also der Militärpolizei, erheblich und bis weit in das Hinterland hinein ausgedehnt. Man kann in diesem Zusammenhang durchaus von Vorläufern einer imperialen Kriegspräsidentschaft unter Lincoln sprechen. Nie zuvor hatte ein amerikanischer Präsident der Unionsexekutive eine derartige Machtfülle eingeräumt. Angesichts einer radikaler werdenden Opposition nutzte die Regierung ihre Privilegien aus und machte mit deren Anführern kurzen Prozess. Es kam zu einer Welle von Zeitungsverboten, einzelne Herausgeber wurden inhaftiert, die *Union Leagues* radikalisierten ihre Vorwürfe über die Illoyalität der *Copperheads*, jener Friedensdemokraten um Clement Vallandigham aus Ohio, die der Kooperation mit dem Süden verdächtigt wurden und die man nicht umsonst nach einer besonders giftigen Schlangenart benannte. Der gewünschte Effekt trat aber nicht ein. Mit den verlustreichen Schlachten seit Sharpsburg verschlechterte sich die Stimmung rapide. Schon im Herbst 1862 hatte es in Buffalo und Cincinnati gewalttätige Ausschreitungen gegeben. Jetzt häuften sich neuerlich die Demonstrationen. Den Republikanern wurde vorgeworfen, die weißen Unterklassen zu hassen und vernichten zu wollen, dafür aber die Schwarzen zu lieben. Teilweise nahmen die Zeitungsartikel und Gerüchte hysterische Züge an. Dann, die endlosen Verlustlisten von Gettysburg und Vicksburg waren gerade unglücklicherweise gemeinsam mit einem neuerlichen Aufruf zum *draft* veröffentlicht worden, kam es zur Explosion. In verschiedenen Städten der Ostküste sammelten sich am 13. Juli 1863 irische und deutsche, polnische und italienische Migranten gemeinsam mit weißen amerikanischen Arbeitern und machten ihrem Unmut gewaltsam Luft. Bevorzugtes Ziel waren der *provost marshal* und seine Mitarbeiter, die den *draft* organisierten. Meist endeten diese Unruhen schon nach einem Tag. In Boston gelang es dem katholischen Klerus allerdings erst nach drei Tagen, die Massen zu besänftigen. Mindestens acht Menschen starben. In New York aber tobten die Unruhen vier Tage lang vom 13. bis zum 16. Juli, ohne dass Kirche, Stadt oder Staat ihrer Herr wurden. Am Ende waren weit über 100 Menschen tot, das Gros von Soldaten und Polizisten erschossen. Die Behörden stellten nur langsam Ruhe und Ordnung wieder her. Mit dem *New York Draft Riot* vom Juli 1863 erlosch die offene und gewaltbereite Opposition gegen die *Emancipation Proclamation* und den *draft*. Die politische Opposition aber blieb. Bei den Wahlen von 1864, so mussten Lincoln und seine Parteifreunde realistischerweise annehmen, würde sie sich wieder zu Wort melden.

III. Jenseits des Zauderns: Die Hochphase des Bürgerkriegs

1. Jahre der Entscheidung: Der Kriegsverlauf 1863 und 1864

Die operativen Geschehnisse des Jahres 1863 begannen im Mai mit einem doppelten Paukenschlag. Bei Chancellorsville wurden die weit überlegenen Verbände des Nordstaatengenerals Hooker von Lee und Stonewall Jackson, der dabei allerdings sein Leben einbüßte, schwer geschlagen. In der Folge gelangen den Konföderierten auf dem Kriegsschauplatz in Virginia mehrere militärische Erfolge gegen die verunsicherten Unionstruppen. Am Mississippi und weiter im Westen sah die Lage hingegen für die Union deutlich besser aus. Trotz heftigen Widerstands marschierten Verbände unter der Führung von Ulysses S. Grant von New Orleans und dem Norden her auf die Festung Vicksburg zu. Vicksburg, das von General John C. Pemberton befehligt wurde, war kein einfaches Fort, sondern ein Ensemble strategisch miteinander verflochtener Festungssysteme, mit schwerer Artillerie und starken Truppenteilen ausgestattet. Am 23. Mai begann eine verbissen geführte, verlustreiche Belagerung, die sich bis zum 4. Juli hinzog. Im Süden hegte man vorläufig die berechtigte Hoffnung, hier eventuell den Vormarsch ein für alle Mal zum Stehen bringen zu können. Dies wäre dringend nötig gewesen, da noch weiter im Westen die Unionstruppen in Arkansas und Texas beständig an Boden gewannen. Auf diesem Kriegsschauplatz wurde die Situation der Konföderierten allmählich kritisch und man brauchte dringend einen größeren Erfolg. Dies hatte General Lee wohl im Hinterkopf, als er sich nach den Erfolgen im Anschluss an Chancellorsville daranmachte, eine Invasion der von den Kämpfen bislang unberührten Nordstaaten vorzunehmen. Tatsächlich lag die Initiative nun in seiner Hand und er gedachte sie zu nutzen. Also setzte er seine *Army of Northern Virginia* mit rund 75 000 Mann in Richtung Norden in Bewegung. Bei Gettysburg in Pennsylvania traf er auf eine annähernd gleich starke Armee von 83 000 Soldaten unter General George G. Meade, dem frisch ernannten neuen Oberbefehlshaber der *Army of the Potomac*. Meade war ein erfahrener Haudegen, der an nahezu allen wichtigen Gefechten an der östlichen Front teilgenommen hatte, gerade der richtige Mann, um der total demoralisierten Truppe wieder etwas Kampfgeist einzuflößen. Lee stand in Gestalt Meades erstmals seit längerer Zeit wieder ein ebenbürtiger Gegner gegenüber. Darüber hinaus fehlte ihm Stonewall Jackson. Noch viel schlimmer aber war ein ganz anderes Problem Lees, das mangelhafte Zusammenspiel seiner Truppenteile. Als die Schlacht von Gettysburg am 1. Juli 1863 eher zufällig als geplant begann, waren weite Teile der Reiterei unter J. E. B. Stuart irgendwo im Gelände unterwegs. Sie hatten ursprünglich ein Ablenkungsmanöver durchführen sollen, fehlten nun aber in der Aufklärung. Dennoch wagte Lee im Vertrauen auf seine bewährten Einheiten den Angriff. Über zwei Tage hinweg verkeilten und verbissen sich die Regimenter beider Seiten ineinander. Zeitweilig sah es ganz so aus, als würde Lees Kalkül aufgehen, aber an entscheidenden Punkten auf dem Schlachtfeld, etwa am Cemetery Hill, wo der braunschweigische General Adolph von Steinwehr für die Union unter hohen Verlusten einen wichtigen Hügel hielt, am Seminary Ridge oder an der Fairfield Road, gelangen den Unionstruppen blutig erkaufte Abwehrerfolge. Am 3. Juli setzte Lee dann alles auf eine Karte. Wie in Chancellorsville glaubte er, die Unionsstellungen am Cemetery Hill durch einen frontalen Infanterieangriff einnehmen zu können. Unter dem Befehl von General Longstreet setzten sich 12 000 Konföderierte, vor allem aus dem Armeekorps von General Pickett, nach zweistündiger Artillerievorbereitung in Marsch. Auf der Gegenseite trafen sie unter anderem auf die Irische Brigade. *Pickett's Charge*, wie dieser Angriff bis heute genannt wird, zählt zu den bekanntesten Gefechtsoperationen des Bürgerkriegs. Es war gewiss auch eine der problematischsten, denn im Grunde folgte Lee einfach napoleonischen Vorbildern, die unter den gewandelten technischen Bedingungen der Kriegführung drohten, anachronistisch zu werden. Die konföderierten Soldaten marschierten genau in das konzentrierte Abwehrfeuer der Unionsregimenter. Nur etwa 200 Mann erreichten am Ende die Stellungen am Cemetery Hill, wo sie im Nahkampf mit gefälltem Bajonett zurückgeworfen wurden. Die Schlacht war entschieden und die Konföderierten räumten das Feld. Insgesamt verloren sie rund 20 500 Mann, davon circa 2700 Gefallene, die Unionstruppen büßten 23 000 Mann ein, davon 3100 Gefallene. Da Meade darauf verzichtete, die angeschlagenen Verbände der Konföderation zu verfolgen, konnte Lee wieder in das heimatliche Virginia entkommen. Einen Tag später kam die Meldung vom Fall Vicksburgs. Die Konföderation war jetzt zweigeteilt und hatte zu allem Übel die strategische Initiative für den Rest des Krieges eingebüßt. Künftig konnte es nur noch darum gehen, das unvermeidliche Ende eventuell so lange hinauszuzögern, bis dem Norden politisch die Luft ausging. Alles würde daher von den Wahlen im Herbst 1864 abhängen. Das Bestreben der konföderierten Armeeführung musste also darauf hinauslaufen, dem

Norden so viele Verluste wie möglich zuzufügen, um das eigene Überleben lange genug sicherzustellen.

Die Katastrophe des Südens war der Triumph Lincolns. Er wusste das Geschehen auch rhetorisch zu nutzen. Als am 19. November 1863 der Friedhof für die Gefallenen der Schlacht von Gettysburg eröffnet wurde, eilte er herbei, um aus diesem Anlass seine wohl berühmteste Rede, die *Gettysburg Address*, zu halten. Darin lobte er den Mut und die Hingabe der toten Soldaten, die sich um die Sache der Freiheit verdient gemacht hätten, und ordnete ihren Opfergang historisch ein, indem er ausführte, sie seien für das zentrale Prinzip der amerikanischen Republik gestorben, die Regierung «des Volkes durch das Volk und für das Volk». In seiner kurzen Ansprache nahm er allein viermal das Wort «diese Nation» in den Mund. Von der Union war überhaupt nicht mehr die Rede. Darüber hinaus wurde der amerikanischen Nation als Vorkämpferin der Freiheit eine welthistorische Mission zugesprochen, die weit in das 20. und 21. Jahrhundert weiterwirken sollte.

Mit Gettysburg und Vicksburg war der Bürgerkrieg aber keineswegs beendet. Genau genommen begann gerade erst seine blutigste und verlustreichste Phase. Der Historiker Michael Geyer hat dieses Phänomen, dass Kriege die meisten Verluste in ihrer finalen Phase hervorrufen, einmal unter dem Stichwort des «katastrophischen Nationalismus» analysiert. Wie in Deutschland 1917/18 und 1944/45 war auch die Konföderation nach 1863 weder willens noch in der Lage, einen verlorenen Krieg abzubrechen und aufzugeben. Trotz der Niederlagen war der Widerstandswille im Süden ungebrochen. Zudem hielten die militärischen Fehlentscheidungen aufseiten der Union an. Meade entwickelte sich zu einem neuen McClellan. Zum kolossalen Ärger Lincolns marschierte seine Potomac-Armee nur mit außerordentlicher Langsamkeit hinter Lees Truppen her. An der Westfront kam es sogar bei Chicamauga im nordwestlichen Georgia zu einer neuerlichen schweren Niederlage der Unionsverbände. Wieder einmal war ein Anlauf, den Anakonda-Plan weiter umzusetzen, kläglich gescheitert. Jetzt reichte es Lincoln. Er wollte Befehlshaber, die bereit waren, den Plan zu jedem

Preis durchzuführen. Aus diesem Grund berief er im Westen Grant zum neuen Oberbefehlshaber. Der hatte die Prinzipien des Anakonda-Plans zutiefst verinnerlicht. Gemeinsam mit seinen Generälen Sheridan und Sherman war er willens zu tun, was der Präsident verlangte. Im November 1863 wurden die Konföderierten bei Chattanooga vernichtend geschlagen.

Dieser Sieg machte den Weg frei für die entscheidenden Operationen des Jahres 1864. Vor allem aber schenkte er Grant das Oberkommando sämtlicher Unionsstreitkräfte. Unter seiner Ägide begann das Jahr 1864 mit drei nahezu zeitgleichen, aufeinander abgestimmten Großoperationen. Sheridan marschierte in das Shenandoah-Tal ein und machte dort den Boden wieder gut, den die Union ein Jahr zuvor gegen Stonewall Jackson verloren hatte. Sherman wiederum startete seinen berühmten, aber ebenso berüchtigten *Raid* durch Georgia, der ihn über Atlanta, das am 2. September 1864 niedergebrannt wurde, schließlich an die Küste nach Savannah führte. Im Dezember war damit die Konföderation in viele kleine Teile gespalten. Der *Sherman Raid* war freilich mehr als nur der erfolgreiche Feldzug eines schneidigen Generals. Im historischen Bewusstsein der weißen Südstaatler brannte er sich als Katastrophe ungeahnten Ausmaßes ein. Auf einer Breite von etwa 120 Meilen richteten die Soldaten verheerende Verwüstungen an. Sherman übertrug bewusst und willentlich das Konzept der verbrannten Erde aus den Indianerkriegen auf die Kriegführung im Osten. Dies war ungewöhnlich, weil man sich wegen des viktorianischen Zivilisationscodes bislang überwiegend vor solchen Schritten gescheut hatte. Aber Grant, Sherman und Sheridan waren anderer Ansicht. Der Süden sollte für seinen Verrat an der Union bestraft werden und spüren, dass er die Kosten eines furchtbaren Krieges, den allein er zu verantworten hatte, tragen musste. Allerdings beschränkte man sich, anders als gegenüber den Indianern, in der Regel auf Gewalt gegen Sachen und vermied zivile Verluste. Außerdem glaubte man, auf diese Weise die Kampfhandlungen zu verkürzen. Den dritten Schlag führte Grant selbst in Virginia, wo ihm Lee und Beauregard gegenüberstanden. Anders als im Shenandoah-Tal und in Georgia handelte es sich um keinen raschen Bewegungskrieg. Trotz überwältigender Überlegenheit der Potomac-Armee entwickelte sich ein hartnäckiger Abnutzungskrieg, den Lee und Grant mit blutiger Konsequenz handhabten. Ab Juni 1864 bissen sich dann Grants Truppen vor Petersburg fest. Die Stadt erlebte eine mehrmonatige Belagerung, die erst im April 1865 zusammen mit dem Krieg endete.

Die Virginiakampagne des Jahres 1864 blieb für die Union über weite Strecken unbefriedigend. Dies war besonders schlimm, weil die Präsidentschaftswahlen ins Haus standen. Die Demokraten hatten ausgerechnet McClellan zu ihrem Kandidaten ernannt. Der galt unter Republikanern zwar als unfähig und Sympathisant der Südstaaten, war aber in der Truppe und an der Heimatfront ausgesprochen beliebt. Im Sommer und Frühherbst des Jahres 1864 sah es daher zeitweilig tatsächlich ganz so aus, als würden die Demokraten angesichts der permanenten Erfolglosigkeit der Unionstruppen unter Grant die Wahlen gewinnen. Wenigstens brachten Sheridans und in erster Linie Shermans Erfolge ein paar gute Nachrichten im Vorfeld der Wahlen ein. Vor allem aber profitierte Lincoln von der gut geölten Propagandamaschinerie im Militär, dessen Führung inzwischen fast komplett in republikanischer Hand war. Zum einen glaubten die Soldaten an den Mythos vom guten Vater Abraham, der sich in Washington um das Wohl seiner Soldaten sorgte, zum anderen trat ein Effekt ein, der in Kriegen des Öfteren zu beobachten ist: die politische Trennung von Front und Heimatfront. Während die Lincoln-Administration und der Präsident selbst sich hinter der Front nur bedingt größerer Beliebtheit erfreuten, wollten die Soldaten ihre Opfer im Gefecht nicht durch Schwäche in den Wahlen infrage stellen lassen. Die Toten sollten nicht umsonst gestorben sein. Ein weiterer Faktor sprach für Lincoln. Er hatte mit Andrew Johnson einen Kriegsdemokraten und heftigen Feind der Sklavenhalter aus dem Sklavenstaat Tennessee als Vizepräsidenten nominiert. Johnson hasste die Südstaatenaristokratie mit unnachgiebiger Intensität, ein Ausdruck von sozialen Verletzungen, die ihm vor dem Krieg zugefügt worden waren. Daher war er als unionistischer Demokrat für viele Demokraten wählbar, denen McClellan gegenüber der Konföderation zu nachgiebig eingestellt war. Gleichzeitig betrachteten die radikalen Republikaner ihn anfangs als einen der Ihren. Sie ahnten nicht, wie sehr sie sich irrten.

Der Wahltag kam und mit ihm ein lange Zeit nicht erwarteter, mehr als ansehnlicher Wahlsieg Lincolns und seiner Regierung der nationalen Einheit aus Republikanern und Kriegsdemokraten. Lincoln erreichte 55 Prozent, McClellan 45 Prozent der Stimmen. Im Wahlmännerkollegium sah der Abstand aber wesentlich deutlicher aus. Hier siegte der Amtsinhaber mit 212 gegen gerade einmal 21 Stimmen. 80 Prozent der Soldaten, aber nur knapp über 50 Prozent der Zivilisten hatten für Lincoln gestimmt. Im Senat standen 42 «Unionisten» noch ganze 10 Demokraten gegenüber, im Repräsentantenhaus siegten gleichfalls die Anhänger Lincolns mit deutlichem Abstand (149:42). Mit den Wahlen von 1864 schien die Union sicher in den Händen der Republikaner und ihrer Verbündeten zu sein. Tatsächlich war die Regierungskoalition Lincolns jedoch nur eine lose Ansammlung heterogener Kräfte, die allein durch den Krieg zusammengehalten wurde. Die Bruchstellen zeichneten sich bereits ab. Für den Moment war der Bürgerkrieg indes noch zu keinem Ende gekommen. Obwohl der Wahlsieg Lincolns den Konföderierten die letzten Hoffnungen auf ein gutes Ende raubte, ging das Schlachten im nördlichen Virginia weiter. Immer noch wurde Petersburg belagert, immer noch entzog sich Lee den Einkesselungsversuchen Grants, immer noch war Richmond nicht gefallen, obwohl die Konföderation bereits total erschöpft und ausgelaugt war. Sie lag ökonomisch, technisch, materiell und personell am Boden.

Das Jahr 1864 hatte indes einer weiteren Bevölkerungsgruppe auf dem Territorium der Union schwere Verluste gebracht. Im Westen hatten nämlich die weißen Siedler die durch den Krieg entstandene Situation ausgenutzt und damit angefangen, das Land nach ihren Vorstellungen umzuordnen. Dabei standen ihnen, wie schon seit Jahrzehnten, die dort lebenden Indianerstämme im Weg. Vor 1860 hatte sich die Gewalt im «Wilden Westen» auf gelegentliche Zusammenstöße zwischen Siedlern, Indianern und Militärs beschränkt. Vor allem aber der *Homestead Act* der Lincoln-Administration aus dem Jahr 1862 gab

Siedlungsversuchen und Bodenspekulation neue Nahrung. Der sich anbahnende Konflikt wurde durch wirtschaftliche Interessen und die demokratische Struktur der USA verschärft. In diesem Fall zeigten sich die humanitären Dysfunktionalitäten eines demokratischen Siedlerimperialismus in höchstem Maße. Obwohl es an der Ostküste kirchliche und philanthropische Organisationen gab, die zumindest das Überleben, allerdings nicht die Kultur, der Indianerstämme bewahren wollten, war der politische Einfluss der Siedler größer. Auf territorialer und einzelstaatlicher Ebene drohten sie mit dem Entzug von Stimmen, was Auswirkungen bis Washington haben konnte. Wer westlich des Mississippi in der Politik etwas werden wollte, tat gut daran, sich dem erklärten Vernichtungswillen der Siedler nicht aktiv entgegenzustellen. Am besten kooperierte man mit deren Interessen.

Mit dem Ausbruch des *War between the States* veränderte sich die Situation grundlegend. Mit dem Krieg wurden viele Soldaten an die Ostküste zurückgerufen, um dort zu kämpfen. Dies verstärkte Angstgefühle unter den Siedlern, schuf aber angesichts verminderter Aufmerksamkeit der Ostküste Freiräume, die von Siedlern und Soldaten gleichermaßen genutzt werden konnten. Was bisher an paternalistischen Schranken vorhanden gewesen war, zerbrach mit einem Schlag. Zugleich häuften sich innerhalb der Stämme jene Stimmen, die, oft gegen die Autorität der älteren Anführer, dafür plädierten, ihrerseits die Weißen loszuwerden. Den Hintergrund dieser Aktivitäten bildete eine drohende Hungersnot unter den Cheyenne und Sioux. Kleine Gruppen jüngerer Krieger zogen selbständig los und fingen an, weiße Gehöfte und Trecks zu überfallen, was augenblicklich zu heftigen Gegenreaktionen führte. Angesichts der Unmöglichkeit, die eigentlichen Täter zu stellen, die in der Regel in der Weite des Landes einfach verschwanden und untertauchten, wandte sich das Rachebedürfnis der Weißen ausgerechnet jenen Indianern zu, die friedlich gesinnt waren. In ganz überwiegender Zahl handelte es sich bei den Opfern dieser Rachezüge um Frauen, Kinder und Greise; Krieger waren fast nie anzutreffen. Dies hatte durchaus System, da die im Westen stationierten Truppen und Milizeinheiten nicht eben zu den schlagkräftigsten der Union zählten. Sie führten keinen Krieg, sondern übten sich im Massenmord an Wehrlosen. Auf diese Weise starben in den beiden bekanntesten Massakern, dem von Bear Creek im südöstlichen Idaho 1863 90 Frauen und Kinder und in Sand Creek 1864 über 200 Männer, Frauen und Kinder der Cheyenne. Nach dem Krieg wurde diese offen genozidale Taktik in Washita River (über 100 tote Cheyenne) und Wounded Knee (über 150 tote Sioux) beibehalten. Und dies war nur die Spitze des Eisbergs, da die Regeln zivilisierter viktorianischer Kriegführung für Indianer ebenso wenig galten wie für Schwarze.

2. Alltag im Krieg

Im Jahre 1860 umfassten die Streitkräfte der Vereinigten Staaten von Amerika gerade einmal 28 000 Mann, davon 16 000 beim Heer und 11 000 bei der Marine. Die Mehrheit der Truppen des Heeres war in weit verstreuten Garnisonen und kleinen Forts zum Schutz vor Indianern über den gesamten Westen verteilt. Ihre Moral war denkbar schlecht. Die Mannschaftsdienstgrade der Unionsarmee standen im Ruf, notorisch undiszipliniert, alkoholisiert und gewalttätig zu sein. Der Anteil an Deserteuren war hoch, der Respekt vor Offizieren eher gering. Da es auf dem amerikanischen Kontinent keine militärische Konkurrenz gab, hatte man es in Washington mit der Qualität der Armee nicht sonderlich ernst genommen. Eine Ausnahme bildete die Marine, eine andere das Offizierskorps. Auf dessen Ausbildung hatte die politische Führung dann doch einigen Wert gelegt.

Noch vor Ausbruch der Kampfhandlungen war klar, dass die vorhandenen Streitkräfte keinesfalls ausreichen würden, um den Krieg, wie geplant, mit einem raschen Schlag und einer alles entscheidenden Schlacht frühzeitig zu beenden. Deswegen griffen Union und Konföderation zu einem bewährten Instrument. Sie riefen die lokalen und einzelstaatlichen Milizen sowie weitere Freiwillige zu den Fahnen. Dies war ein notwendiger Schritt, der aber nichts zur Professionalisierung der Streitkräfte beitrug. Siege der US-Streitkräfte waren nahezu ausschließlich Siege regulärer Berufssoldaten.

Das zentrale Sozialisationssystem der Freiwilligen wie der Berufssoldaten war in aller Regel das Regiment, weniger die Divisionen und Armeen, die bestimmten Operationsgebieten zugeordnet waren. Korpsgeist, Traditionspflege und persönliche Netzwerke basierten aber primär auf dem Regiment. Die Regimentsgeschichte und der Ruf des Regiments, insbesondere aber seine Fahne standen im Mittelpunkt einer sakral anmutenden, hochemotionalen Verehrung, von der Regimentskommandeure in erster Linie dann profitieren konnten, wenn sie im Ruf standen, fähig, volksnah, leutselig und tapfer zu sein. Dann waren ihre Soldaten durchaus bereit, Leiden und Entbehrungen sowie schwere Verluste in der Schlacht ohne Murren hinzunehmen. Diese zentrale, gefühlsbetonte Position des Regiments im Bewusstsein der einfachen Soldaten, vor allem aber der länger dienenden Unteroffiziere war im 19. Jahrhundert keine Besonderheit der USA. Man kann Parallelen in Deutschland, Frankreich oder Großbritannien finden. In den USA (und der Konföderation) war indessen das Regiment noch einmal wichtiger, weil es, zumindest auf der Ebene der Freiwilligenregimenter, zu Beginn des Bürgerkriegs wesentlich aus etablierten Nachbarschaften bestand und deswegen soziokulturell wie ethnisch besonders homogen war. Es war 1861 und 1862 durchaus noch üblich, dass sich die Jugend ganzer Dörfer oder kleinerer Städte freiwillig zum Dienst meldete. In größeren Städten galt diese Regel für die ethnischen Nachbarschaften. Hier existierten bereits lange vor dem Krieg lokale Milizverbände, die nun zur organisatorischen und ideellen Grundlage für das Regimentswesen der Bürgerkriegsarmeen wurden.

Eine Besonderheit in diesem Regimentssystem waren die ethnischen Regimenter, mehrheitlich deutscher oder irischer Herkunft. Sie bestanden entweder aus alteingesessenen Angehörigen der jeweiligen Ethnie, aus neu Zugewanderten oder im Falle der Iren aus Söldnern, die beide Kriegsparteien gegen den Willen der britischen Regierung in Irland angeworben hatten. Der Wert dieser Regimenter war unter den Zeitgenossen und in der amerikanischen Forschung heftig umstritten. Im Nachhinein wird man den integratorischen Wert der ethnischen Einheiten dennoch nicht unterschätzen dürfen, obwohl sie spätestens ab

1863/64 infolge der hohen Verluste ihren homogenen Charakter eingebüßt hatten. In den ethnischen Gemeinschaften und in der amerikanischen Nation wurde ihr Einsatz bis weit in das 20. Jahrhundert hinein lebendig erinnert und trug damit zum Abbau gerade antikatholischer und antiirischer Vorurteile bei.

Eine weitere Besonderheit, die sich jedoch nur in der Unionsarmee fand, waren die schwarzen Regimenter. Im Jahre 1861 war es für die meisten Amerikaner, selbst für eingefleischte Abolitionisten, undenkbar, Seite an Seite mit Schwarzen zu kämpfen. Für den liberalen und rassistischen Nationalismus des 19. Jahrhunderts war der Wehrdienst Grundlage der politischen Partizipation, und genau diese sollte den Schwarzen nach ihrer Emanzipation versagt bleiben. Erst als die Schlachten beständig verlustreicher und mörderischer wurden, griff die Unionsregierung auf die schwarze Reserve zurück. Am 22. Mai 1863, im Gefolge des *Confiscation Act* vom Juli 1862 und der Emanzipationsproklamation vom Januar 1863, gab die *General Order* 143 den Weg für die *United States Colored Troops* frei. Bis Kriegsende dienten 178 000 Schwarze in 175 Bundes- und Milizregimentern. 2700 von ihnen fielen in der Schlacht, insgesamt waren rund 68 000 Verluste zu verzeichnen. Den schwarzen Soldaten wurde ihr Einsatz für die Union, anders als bei den Iren, nicht wirklich gedankt. Der Nachkriegsrassismus in den USA verhinderte eine echte Integration der farbigen Soldaten. Sie blieben bis 1948 in segregierten Regimentern zusammengefasst, und selbst in der Frühphase des Vietnamkrieges wurden schwarze Soldaten noch häufig benachteiligt.

Ab 1863 brach das anfängliche Freiwilligensystem der Regimenter auf beiden Seiten zusammen. Die jeweiligen Gemeinden waren nicht mehr in der Lage, entsprechenden Nachschub für die horrenden Verluste zu stellen. Beide Kriegsparteien sahen sich gezwungen, vom Prinzip der Freiwilligkeit abzurücken. Nun rückte die Wehrpflicht, der *draft*, in den Mittelpunkt der Rekrutierung. Damit kam es indes besonders im Norden, aber auch im Süden, wo vergleichbare Regelungen galten, zu ganz neuen Problemen. Der *draft* hatte nämlich ein schwerwiegendes Konstruktionsproblem, er war komplett an Klasseninteressen ausgerichtet. Oberflächlich betrachtet war er durchaus egalitär. In einer Lotterie wurden die Kandidaten bestimmt, die sich dann beim Militär zu melden hatten. Es fand sich jedoch eine wichtige Ausnahmebestimmung. Gegen die Zahlung von 300 Dollar an einen Ersatzmann konnte man sich vom Wehrdienst freikaufen. Für Angehörige der Mittelklasse, die oft in Vereinen und Versicherungen zur gegenseitigen Unterstützung zusammengeschlossen waren, stellte dies keine besondere Schwierigkeit dar, wohl aber für arme Arbeiter. Nicht zuletzt in irischen Kreisen sorgte der *draft* für erhebliche Unruhe, da man hier sowieso schon überzeugt war, von den protestantischen Abolitionisten aus der Mittelklasse, die als Klasse von heuchlerischen Drückebergern wahrgenommen wurde, verheizt zu werden. Mit der Wehrpflicht endete zudem die Phase der ethnisch, kulturell, sozial und politisch homogenen, insofern traditional-partikularistischen Regimenter zugunsten einer Armee, die sich in wachsendem Maße als Sozialisationsinstanz der zu bildenden Nation verstand. Dennoch gelang es nie, die Ängste der Soldaten vor Tod und Verwundung komplett in den Griff zu bekommen. Die massenhafte Desertion zählte zur Normalität des Krieges. Genaue Zahlen sind schwer zu eruieren, zumal manche Soldaten gleich mehrfach desertierten. Für die Konföderation, die von dem Phänomen besonders betroffen war, da ihre Soldaten eher für Familie und Einzelstaat als für Nation und Sklaverei kämpften, schätzt man rund 103 000 Deserteure, für die Union, bei einer außerordentlich hohen Dunkelziffer, mindestens 120 000. Im Süden war die *Confederate Homeguard* mindestens so sehr damit beschäftigt, Deserteure aufzuspüren wie die Sklaven unter Kontrolle zu halten. Die Gründe für die Desertionen waren vielfältig und hatten beileibe nicht nur mit Angst zu tun. Sie konnten ebenso das Resultat politischer Überlegungen sein, wenn zum Beispiel Kleinbauern aus den Piedmontgebieten des Südens es nicht mehr einsahen, für die Interessen der Großgrundbesitzer in den Küstenregionen zu kämpfen und zu sterben, oder katholische Iren aus der Unterklasse sich von den Agenten der Kapitalinteressen verheizt fühlten. Noch wichtiger aber waren ganz andere Erwägungen. Viele Soldaten sehnten sich einfach nach ihren Familien, den Frauen und Kindern, die sie in der Heimat zurückgelassen hatten. Wieder andere, und das dürfte die Mehrheit gewesen sein, dachte an die wirtschaftliche Lage. Agrarische Gesellschaften tun sich mit langwierigen Kriegen schwer, da Bauern notwendig in natürlichen Zyklen denken müssen. Und die meisten Soldaten beider Kriegsparteien entstammten bäuerlichen, nicht städtischen Verhältnissen. Sie wussten nur zu genau um die Probleme, welche ihr Fehlen den Familienangehörigen bei Aussaat und Ernte bereitete. Deswegen verließen sie, ohne eine Erlaubnis abzuwarten, ihre Einheiten, um im Familienbetrieb auszuhelfen, wohl wissend, dass auf Desertion die Todesstrafe stand. Allerdings erwiesen sich die Militärbehörden als vergleichsweise großzügig, zumindest wenn keine Feigheit in der Schlacht erkennbar war und es sich um die erste Abwesenheit von der Truppe handelte. Obendrein verstand es Präsident Lincoln, seinen Mythos als Vater der Armee zu festigen, indem er medienwirksam vereinzelte Delinquenten begnadigte.

Desertion war freilich nicht gleich Desertion. Mindestens so häufig wie das Verlassen des Regiments war die zeitweilige unerlaubte Abwesenheit, die dann ganz andere Ursachen hatte. Soldaten machten sich auf, die nächste Stadt zu besuchen, um sich zu betrinken, Prostituierte aufzusuchen oder anderen Formen des Vergnügens zu frönen. Diese Eskapaden wurden, wenn sie nicht von gewaltsamen Übergriffen auf Zivilisten oder gar Vergewaltigung und Mord begleitet waren, eher milde bestraft, wenn überhaupt. Sie verwiesen indes auf ein weiteres in den Bürgerkriegsarmeen jenseits der Schlachtfelder weitverbreitetes Phänomen, die alles überwältigende Langeweile des Militärdienstes. Mochten Schlachten für einen Adrenalinschub sorgen, der Dienst zwischen den Schlachten und Scharmützeln konnte sich in wochenlangen Märschen und endlosem Nichtstun und Drill im befestigten Lager erschöpfen. In ihren Briefen an Verwandte und Freunde klagten die Soldaten daher über die Eintönigkeit ihres Lebens, das schlechte Essen, Regen, Blasen an den Füßen, Erkältungen und Halsschmerzen. Meist reinigte man die Waffen oder flickte die Kleidung. Die süße Ehre, für das Vaterland zu sterben, trat jenseits des Schlachtfeldes erkennbar zurück. Aus diesem Grund fungierten republikanisch kontrollierte Organisationen wie die *United States Sanitary Commission* oder die evangelikale *United States Christian Commission* bis hin zu den *Union Leagues*, in katholischen Regimentern auch die Militärseelsorger, überwiegend als Truppenunterhalter. Aufgrund ihres bürgerlichen Hintergrunds und ihrer viktorianischen Moralvorstellungen waren sie jedoch denkbar ungeeignet, die Interessen der Soldaten wirklich zu befriedigen, da sie meist mit sozialdisziplinierendem und volkspädagogischem Anspruch auftraten. Vereinzelt waren katholische Militärkapläne immerhin bereit, dem Druck der Mannschaften nachzugeben und etwa aus Anlass des St.-Patrick-Festes Pferderennen zu organisieren. Kartenspielen und Trinkgelage waren hingegen nicht allein bei ihnen verpönt. Aber auf eines konnten sich die bürgerlichen Reformer und die Soldaten stets schnell einigen. Man spielte Baseball, und zwar auf beiden Seiten der Front. Das Spiel wurde als ideales Instrument angesehen, um unter- und außerbürgerliche Schichten zu zivilisieren. Ja, es galt als Symbol des geregelten Kapitalismus, da es die Stärken des Individuums im Kampf Mann gegen Mann in ein Mannschaftssystem und ein ausgefeiltes Regelwerk einbettete. Außerdem konnte man es überall problemlos spielen. Auf diese Weise trug der Bürgerkrieg maßgeblich dazu bei, Baseball zu verbreiten und bis zum ausgehenden 19. Jahrhundert zur Lieblingssportart der Amerikaner zu machen.

An den Abenden versammelten sich die Regimentsangehörigen dann gerne um das Lagerfeuer. Ganz im Stile sowohl der bürgerlichen Familie wie ländlicher Traditionen wurde gemeinsam gesungen. Uns ist eine Vielzahl von Soldatenliedern aus dem Bürgerkrieg überliefert, die ganz unterschiedlichen Charakter haben. Manche sind eher militant, andere romantisch oder sehnsüchtig. Besonderer Beliebtheit erfreuten sich im Norden der *Yankee Doodle* und bei den Konföderierten *Look away, Dixieland*. Diese Lieder schufen ein Gefühl der Gemeinsamkeit und Zusammengehörigkeit. Ausgesprochen problematisch war das bis heute viel gesungene *Glory, Glory Hallelujah*, das, wie am Text deutlich erkennbar ist, aus der evangelikalen Erweckungsbewegung stammte und von Abolitionisten vorgetragen wurde. Daher weigerten sich Katholiken häufig, dieses Lied anzustimmen. Selbstverständlich fand sich eine Reihe vaterländischer Lieder, die oft aus früheren Kriegen stammten, wobei festgehalten werden muss, dass beide Seiten noch keine Nationalhymne hatten. Die USA erhielten bekanntlich erst in den 1930er Jahren ihre heutige Hymne, die ein Kriegslied aus dem Jahr 1814 ist. Zu den Liedern wurde viel geraucht und noch mehr getrunken, schon um den notorisch schlechten Geschmack der Lagermahlzeiten zu überdecken. Dazu mochte dann im Gespräch der eine oder andere Soldat Kostproben eines derben, bärbeißigen Humors abgeben, der in den Autobiographien und Briefen der Männer gerne hervorgehoben wird, in seinem Stil und seiner Funktion aber noch detaillierter kulturhistorischer Forschungen bedarf. Insgesamt konnten diese Abende ganz unterhaltsam, mitunter sogar von einer sehnsuchtsvollen Romantik geprägt sein. Dies änderte gleichwohl nichts am generellen Trend. Das Leben als Soldat war entweder von Todesgefahr gekennzeichnet oder sterbenslangweilig.

Tatsächlich waren Krankheit, Verwundung und Tod allgegenwärtig, nicht nur in Dutzenden von großen Schlachten und Tausenden kleinerer Scharmützel zwischen berittenen Spähtrupps – insgesamt wurden über 10 400 Gefechte im Verlauf des Krieges gezählt –, sondern nicht minder im Alltag des Lagerlebens. In Anbetracht ständig überfüllter Latrinen und verschmutzten Trinkwassers kursierten Diarrhö und, noch schlimmer, im Sommer die Cholera, die selbst in den Friedenszeiten der 1850er Jahre ganze Landstriche im Süden der USA entvölkert hatte und noch 1866 als Pandemie dort für eine weitere Katastrophe sorgte. Choleraepidemien waren dauernde Begleiter der Truppenquartiere und der Militärkrankenhäuser, wo sie regelmäßig die Ärzteteams sowie die männlichen und weiblichen Krankenhelfer dezimierten. Mindestens genauso gefährlich waren im Winter Bronchialkatarrhe und sogar einfache Erkältungen, die jederzeit in eine Lungenentzündung münden konnten, gegen die kein Medikament half. Hinzu kamen Gelbfieber, Flecktyphus, andere typhoide Erkrankungen, die Pocken, Sumpffieber und zahllose fiebrige Infekte, deren Ursache unbekannt und deren Verlauf tödlich war. Dabei ist die allgegenwärtige Tuberkulose, eine der

Geißeln des 19. Jahrhunderts, noch gar nicht eingerechnet. Gerne unterschätzt wird eine weitere Krankheit, die heutzutage nicht mehr dieselbe Bedeutung hat wie damals: Tetanus oder Wundstarrkrampf. Es bedurfte nicht einmal einer Wunde in der Schlacht, um sich damit zu infizieren. Manchmal reichte es, sich beim Reinigen der Waffen am rostigen Bajonett zu ritzen. Ein grausamer Tod war die Folge. Wundstarrkrampf zählte auch im Frieden zu den häufigen Todesarten, zum Beispiel bei Sklaven in der Landwirtschaft oder dem eisenverarbeitenden Handwerk. Vergleichbares lässt sich über die Sepsis sagen oder das Wundfieber beziehungsweise den Wundbrand, die, das lag in der Natur der Sache, in Kriegszeiten gehäuft auftraten. Einen Sonderfall stellten Geschlechtskrankheiten, insbesondere Tripper und Syphilis, dar, derer man mit moralischen Ermahnungen Herr zu werden versuchte, was allerdings kläglich scheiterte. Allein im *Soldier's Syphilitic Hospital* in Nashville mussten im Dezember 1864 über 2000 Männer behandelt werden. Gleichzeitig richtete man entsprechende Hospitäler für die betroffenen Frauen ein, die *Women's Pest Houses*, um weitere Ansteckungen zu verhindern.

War schon der Lageralltag risikoreich, galt dies erst recht für die Schlacht. Vergleicht man den Bürgerkrieg mit dem Vietnamkrieg, fällt als Erstes auf, um wie vieles besser GIs während des Einsatzes in Südostasien dran waren, wenn es um ihre Gesundheit ging. Penicillin und andere Antibiotika standen als wirkungsvolle Waffen gegen bakterielle Infekte zur Verfügung, Verwundete konnten dank des Hubschraubereinsatzes rasch und unter hygienischen Bedingungen operiert werden, im Notfall war es möglich, sie binnen zwölf Stunden in hochmoderne Hospitäler auf Guam oder Hawaii zu fliegen. Selbst Sanitäter auf Zugebene verfügten über Morphin und andere schmerzstillende Medikamente. Der *War between the States* kannte diese Andeutungen von soldatischem Luxus noch nicht. Wer auf dem Schlachtfeld verwundet wurde, musste mit dem Schlimmsten rechnen, zumal die Wunden sehr drastisch ausfallen konnten. Schüsse in den gesamten Körper, Granatsplitter, die einem die Gliedmaßen abrissen, oder Bajonettstöße in den Unterleib waren qualvoll und verursachten in vielen Fällen unheilbare Wunden. Circa 15 Prozent aller Verwundeten starben binnen weniger Stunden oder Tage, meist an Wundstarrkrampf oder Sepsis. Ein erstes Problem bestand in der vollkommen unzureichenden Versorgung auf dem Schlachtfeld. Sanitäter existierten nicht, wer verwundet war, blieb oft stundenlang unter heftigen Schmerzen liegen und verblutete. Glück hatte, wer sich auf einen Kameraden verlassen konnte, der ihn zum Lazarettzelt schleppte. Dieses Glück war freilich sehr relativ. Die wenigen Chirurgen waren während und nach der Schlacht in der Regel völlig überlastet und mit den Wunden, die moderne Waffentechnik riss, vollkommen überfordert. Der Mangel an Betäubungsmitteln und hygienischen Instrumenten, um von hygienischen Mindeststandards ganz zu schweigen, war beklagenswert. Man kann sich die Situation um die Lazarettzelte gar nicht dramatisch genug vorstellen. Überall lagen Verwundete, die sich von Schmerzen gepeinigt hin- und herwälzten und meist nach ihrer Mutter oder Ehefrau schrien. Eine Wolke von Gestank nach Eiter, Erbrochenem, Kot, Urin und Blut lag bedrückend über der Szenerie, die gerade in heißen Sommern vollends unerträglich werden konnte. Auf einem Stapel lagen mit Sägen abgetrennte Gliedmaßen, oft das letzte Mittel einer Chirurgie, die im Ruf stand, mehr Menschen umgebracht als gerettet zu haben. Selbst bei guter Ausbildung der Ärzte, die keineswegs selbstverständlich war, blieben die medizinischen Optionen beschränkt. Wer diese Qualen dennoch überstand und hinter die rückwärtigen Linien weitergeleitet wurde, konnte aufatmen. In den Hospitälern hinter der Front ging es zivilisierter zu. Hier taten neben den männlichen Krankenpflegern auch Frauen als Krankenschwestern Dienst, was auf viele verwundete Männer beruhigend wirkte.

Der Krieg betraf demnach nicht nur Männer. Das «viktorianische Zeitalter» (dieses Konzept hat sich seit den Forschungen von Anne C. Rose und Louise Stevenson auch für die Gesellschaftsgeschichte der USA für den Zeitraum von 1830 bis 1890 als brauchbar erwiesen) hatte in den bürgerlichen Mittelklassen ein ganz bestimmtes Frauenbild hervorgebracht, das allmählich in unter- und außerbürgerliche Schichten ausgestrahlt hatte. Im Zentrum dieser Geschlechterideologie standen zwei Konzepte, die sich bereits in der Revolutionszeit erstmalig angedeutet hatten, die aber im Grunde in jener Sattelzeit um 1800 im Übergang von vormodernen, agrarischen zu modernen und industriellen Gesellschaften Gestalt angenommen hatten. Das eine war die Idee der Sphärentrennung, wonach Frauen und Männer in verschiedenen Welten leben sollten. Demnach gehörten Frauen der ethisch in hohem Maße positiv konnotierten häuslichen Privatsphäre an. Aus dieser Konzeption der Sphärentrennung entsprang dann die andere wichtige Idee von Weiblichkeit, die der republikanischen Mutterschaft. Frauen sollten ein gewisses Maß an Bildung und Selbstbewusstsein haben, um Männer, allen voran ihre eigenen Ehegatten und Söhne, zu erziehen und zu zivilisieren.

Primär führten die Ideale von Sphärentrennung und republikanischer Mutterschaft zu Einschränkungen für die Frauen der Mittelklassen, die gerade im Krieg sichtbar wurden. Vor allem gut ausgebildete Frauen, die vorher schon in der abolitionistischen Bewegung erfahren mussten, dass sie nicht als vollwertige Mitglieder akzeptiert wurden, waren frustriert. Bereits 1848 hatten sich in Seneca Falls führende Abolitionistinnen, Temperenzlerinnen und andere Aktivistinnen der Antebellumära auf Einladung von Elizabeth Cady Stanton, Lucretia Mott und Susan B. Anthony getroffen, um eine eigenständige Frauenbewegung mit dem Ziel der Emanzipation und – in einiger Ferne – des Frauenwahlrechts zu gründen. Mit Ausbruch des Krieges verlor diese Bewegung erst einmal an Einfluss.

Das bedeutete nicht, dass Frauen sich nicht auch im Krieg bewähren wollten. Vaterländischer Patriotismus war auf beiden Seiten der Front nicht auf ein Geschlecht beschränkt. Die Anzahl der gesellschaftlich sanktionierten Orte öffentlicher Teilhabe von Frauen am Kriegsgeschehen blieb allerdings eng begrenzt. Einer dieser Orte war der Frauenclub, in dem man sich traf, um Fahnen für die lokalen Regimenter zu sticken, die dann in einer öffentlichen Zeremonie den ausrückenden Truppen übereignet wurden. Ein anderer war die Reise der Offiziersgattin in das Regimentslager. Dies wurde von der Generalität nicht gerne gesehen, da die Damen als unnötiger Störfaktor galten. Dennoch war es möglich und üblich. Mehrheitlich aber beschränkte sich die Beziehung zwischen Offizieren und ihren Ehefrauen auf das Schreiben oft ausgesprochen intimer und keineswegs puritanischer Briefe und auf seltene Besuche der Männer in der Heimat. Ein anderer Ort war das Dasein als Krankenschwester. Vor dem Krimkrieg war es undenkbar gewesen, Mittelklassefrauen in einem Hospital Dienst tun zu lassen, aber die Britin Florence Nightingale und nun die Amerikanerin Dorothea Dix taten alles, um dies zu ändern. Allerdings blieb der Wert der bürgerlichen Damen im *Nurse Corps* umstritten, da sie sich anders als ihre Rivalinnen aus katholischen Schwesternorden der militärischen Disziplin nur schwer fügten.

Für Frauen aus den Unterklassen war es deutlich schwerer, sich in irgendeiner gesellschaftlich akzeptablen Form in den Krieg einzubringen. Die überwiegende Mehrheit blieb zu Hause und wartete mehr oder minder geduldig oder ängstlich auf die Heimkehr der Ehegatten, Brüder oder Söhne. Nur eine Minderheit entschloss sich, das Heer zu begleiten. Sie fungierten gegen Bezahlung als Wäscherinnen und Näherinnen, pflegten kleinere Wunden und kochten. Dabei war ihr Ruf keineswegs untadelig, da sie vielfach als Prostituierte tätig waren. Diese weibliche Begleitung der Armeen, die nicht mit den Krankenschwestern verwechselt werden darf, war besonders evangelikalen Offizieren und katholischen Militärseelsorgern ein Dorn im Auge.

Allerdings hatte der viktorianische Geschlechtercode bei all seinen Schutzfunktionen für die Frauen einen schwerwiegenden Nachteil: Er war nicht farbenblind. Zum einen wurden schwarze Männer für das Delikt der Vergewaltigung weißer und schwarzer Frauen sehr viel schneller angeklagt und hingerichtet als Weiße, obwohl sich das Vorurteil des brutalen, sexualisierten, primitiven und vergewaltigenden Schwarzen weder im Krieg noch danach bestätigte. Zum anderen zeigte sich kaum jemand von der Vergewaltigung schwarzer Frauen besonders gerührt oder betroffen. Man wird daher davon ausgehen müssen, dass die Dunkelziffer vergewaltigter schwarzer Frauen erheblich höher ist als die weißer Frauen. Wie in den Kolonialgebieten Afrikas und Asiens versagte der Firnis viktorianischer Zivilisation regelmäßig im Umgang mit Nichteuropäern. Dafür garantierte er insbesondere den weißen Frauen des Südens selbst in der Niederlage noch einen gewissen Schutz.

Einen seltenen Sonderfall stellten hingegen jene Frauen dar, die sich als Männer verkleidet den Regimentern anschlossen, um zu kämpfen. Fast alle stammten aus bäuerlichen oder städtischen Unterschichten, hatten also das viktorianische Geschlechtermodell kaum verinnerlicht. Angesichts der Ängste, mit denen bürgerliche Männer und Frauen in der viktorianischen Epoche auf Grenzüberschreitungen in den Feldern Sexualität und Geschlechterrollen sowie das *going native* oder *going savage*, also den Übertritt in eine als minderwertige Konkurrenz empfundene Kultur, reagierten, erstaunt es, wie gelassen vor allem die Medien dieses Phänomen aufnahmen. Der Krieg wurde offenkundig als Ausnahmesituation empfunden. Entsprechend reagierten Offiziere und Medien mit wohlwollender Neugierde, etwas Respekt und viel Ironie, wenn derartige Fälle, meist infolge von Verwundungen, ruchbar wurden.

Dies galt freilich nicht, wenn es sich um Spioninnen handelte. Und Spionage war, wie immer in Zeiten des Krieges, keine Seltenheit. Insbesondere der Süden profitierte von mehreren Agentennetzen im Bereich der Hauptstadt Washington, die Folge der südlichen geographischen Lage der amerikanischen Hauptstadt und der Anwesenheit vieler Sklavenhalter und ihrer Sympathisanten dort war. Tatsächlich aber hatten Frauen in diesen Netzen eine bedeutende Funktion inne. Zum einen war dies ein direktes Resultat der viktorianischen Geschlechterordnung. Männer scheuten sich nicht, vor Frauen offen über alles zu reden, was sie im Beisein von anderen Männern womöglich nie gesagt hätten. Den Frauen, meist Damen der höheren Gesellschaft, traute man einfach keinen Verrat zu. Dies eröffnete der Washingtoner Gesellschaftsdame Rose O'Neal Greenhow über einen längeren Zeitraum die Chance, Informationen aus dem Umfeld des ungemein redseligen Expräsidenten James Buchanan in den Süden zu übermitteln. Zum zweiten wirkten sich die Schutzmechanismen der Geschlechtertrennung positiv aus. Keine einzige Agentin, wohl aber mancher Agent wurde hingerichtet. Mitunter war dies jedoch nur Produkt eines Zufalls, wenn etwa eine Unionseinheit eine Agentin des Nordens, Pauline Cushman, nur Sekunden vor ihrer Hinrichtung durch konföderierte Soldaten rettete. Rose O'Neal hingegen wurde zwar verhaftet und verhört, aber dann abgeschoben. Sie starb 1864 bei dem Versuch, die Seeblockade vor der Küste Virginias zu durchbrechen, um der Konföderation Gold aus England zu liefern.

Insgesamt dürfte die nordstaatliche Spionage aufgrund der strukturellen Defizite der Konföderation erheblich erfolgreicher gewesen sein als ihr konföderierter Widerpart. Unter geschlechtergeschichtlichen Aspekten bleibt gleichwohl der Punkt interessant, dass Frauen in den Spionagediensten beider Bürgerkriegsparteien einen erheblichen Anteil ausmachen konnten, der ihnen in anderen Bereichen der Kriegführung aufgrund zeitgenössischer Vorbehalte versagt blieb. Zur Regel wurden diese Aktivitäten indes nicht. Die Norm stellten jene Arbeiterinnen und Landfrauen des Nordens und die *plantation mistresses* des Südens dar, die angesichts der Abwesenheit ihrer männlichen Familienmitglieder das Heft des Handelns selbst in die Hand nahmen und dafür sorgten, dass der Hof, die Plantage, die Fabrik oder das Familienleben unter erheblich erschwerten Bedingungen intakt blieben.

3. Die internationale Dimension des Bürgerkriegs

Politik war im 19. Jahrhundert eine globale Angelegenheit. Deswegen blieb der *War between the States* zu keinem Zeitpunkt eine auf den nordamerikanischen Kontinent beschränkte Angelegenheit. Die USA waren seit ihrer Gründung machtpolitisch und ökonomisch mehr oder minder stark in das internationale Geschehen eingebunden. Faktisch bedeutete dies nichts anderes als enge Bindungen an Europa, wo die wichtigsten Großmächte konzentriert waren. Die diplomatischen Interessen der beiden Kriegsparteien waren bereits 1861 klar abgesteckt. Der Konföderation musste es darum gehen, internationale Anerkennung als kriegführende Partei und dann als eigenständiger Staat zu erlangen, die Union musste just dies zu verhindern trachten. Dabei lagen die Trümpfe anfangs in den Händen der Konföderierten. Dies hing einerseits mit der spezifischen Struktur des amerikanischen diplomatischen Dienstes vor 1924 zusammen. Der nämlich war alles andere als professionell. Wie in der Innenpolitik galt hier das *spoils system*, also das Recht des Wahlsiegers, sämtliche Stellen nach eigenem, parteipolitisch motiviertem Gusto zu besetzen. Über Berufs- und Karrierediplomaten, die in Europa das Rückgrat des auf Gleichgewicht und Balance ausgerichteten Mächtekonzerts der Ära Metternich und des Wiener Kongresses darstellten, verfügten die Vereinigten Staaten nicht. Es waren verdiente Parteiveteranen, die an die Höfe der europäischen Monarchen entsandt wurden. In Anbetracht überwiegend demokratischer Administrationen handelte es sich daher um Demokraten, die entweder direkt aus dem Süden stammten oder mit ihm sympathisierten.

Auf der anderen Seite verfügte die Konföderation zusätzlich über inhaltlich schlagkräftige Argumente, so zumindest glaubte man am Kabinettstisch in Richmond. An erster Stelle stand die Baumwolle, *King Cotton*, um es in der zeitgenössischen Diktion zu sagen. Die Südstaatler rechneten fest mit der Unterstützung sowohl durch die konservativen Ostmächte, das heißt Russland, Österreich und Preußen, als auch mit derjenigen der liberaleren Staaten Westeuropas, also vorrangig Großbritanniens und Frankreichs, da Spanien und Portugal, trotz ihrer offenen Sympathien für die Sklaverei, machtpolitisch kaum noch eine nennenswerte Rolle spielten. Insbesondere Großbritannien, so das Kalkül, müsste sich an die Seite der Konföderation stellen, da die Oberklasse des Vereinigten Königreiches die aristokratische Wertewelt des Südens teilte und die Mittel- und die Arbeiterklasse auf den Fortgang der Produktion in der Textilindustrie angewiesen seien. Diese aber hing von konföderierten Baumwolllieferungen ab. Bezogen auf Frankreich rechnete man mit vergleichbaren Kalkülen, die noch durch die Intervention von Briten und Franzosen in Mexiko verstärkt würden. Dort war es nach dem Amtsantritt des liberalen Präsidenten Benito Juarez 1858 zu einem dreijährigen Bürgerkrieg gekommen, der das Land in den Staatsbankrott getrieben hatte. 1861 waren die Gläubigernationen Großbritannien, Spanien und Frankreich einmarschiert, um ihre finanziellen Ansprüche durchzusetzen. Obwohl die Briten und Spanier im folgenden Jahr wieder abzogen, nutzte der französische Kaiser Napoleon III. die Gelegenheit, um seinen Einfluss in Übersee auszudehnen. Erst 1867, nach dem Ende des amerikanischen Bürgerkriegs, gelang es Juarez, die Franzosen zu vertreiben. In den Augen der Unionsregierung stellte das Vorgehen der Franzosen eine flagrante Verletzung der Monroe-Doktrin von 1823 dar. Entsprechend kühl fiel die Reaktion der Lincoln-Administration, die eindeutig aufseiten des Präsidenten Juarez stand, aus. Für den Süden wiederum bedeutete dies einen Vorteil, wenn es um Beziehungen zu Paris ging.

Das Kalkül der Konföderation ging gleichwohl nie auf. Zwar existierten in den europäischen Oberklassen ganz erhebliche Sympathien für den Süden, und es gab auch strategische Interessen, die eine Schwächung der immer stärker werdenden amerikanischen Union als nützlich erscheinen ließen. Dessen ungeachtet hatte man in Richmond allerdings den Einfluss der Sklavenfrage sträflich unterschätzt. Selbst in konservativen europäischen Kreisen fanden sich kaum aktive Apologeten der Sklaverei. In den liberalen Staaten Westeuropas, und auch dies hatten die Konföderierten nicht hinreichend bedacht, zählte die öffentliche Meinung, und die wurde gerade in Großbritannien klar von den Abolitionisten beherrscht. Die englischen Textilarbeiter gingen so weit, Einkommensverluste und Arbeitslosigkeit in Kauf zu nehmen, um ihre abolitionistischen Überzeugungen durchzusetzen. Allerdings wurde ihre Opferbereitschaft nicht bis an die Schmerzgrenze ausgetestet, da die zentrale außenpolitische Waffe der Konföderation, *King Cotton*, ganz unköniglich stumpf blieb. Den britischen Textilproduzenten gelang es erstaunlich schnell, die amerikanische Baumwolle durch Baumwolle aus Ägypten und Indien zu ersetzen. Überdies hatte sich bereits seit der Finanzpanik von 1839 und der anschließenden Rezession ein schleichender Bedeutungsverlust der Baumwollproduktion abgezeichnet, der freilich vom Süden als Ergebnis kapitalistischer Spekulation und nicht als struktureller Wandel der Marktsituation gedeutet worden war. Schließlich hatten weder die britischen Banken noch der britische Staat je vergessen, dass es um 1840 die Südstaaten der USA gewesen waren, die sich in der Krise geweigert hatten, die Zinsen ihrer Schulden bei den Londoner Großbanken zu bedienen. Großbritannien blieb demnach bestenfalls ein verdeckt operierender Bündnispartner. Zu einer diplomatischen Anerkennung der Konföderation kam es nicht. In Anbetracht der Neutralität Großbritanniens wagten es weder Preußen noch Österreich, sich für die Konföderation einzusetzen, da sie in der Sklavenfrage ebenfalls Vorbehalte anmeldeten. Für Österreich etwa war die ambivalente Haltung der päpstlichen Kurie wichtig, die zwar gelegentlich hin- und herschwankte, aber die Konföderation gleichfalls nicht anerkannte. Im konservativen Russland wiederum hatte ausgerechnet 1861 Zar Alexander II. nach dem Debakel im Krimkrieg seine liberal-bürokratischen Reformen mit der Aufhebung der Leibeigenschaft begonnen. Er war der Letzte, von dem man sich Hilfe erwarten durfte, wenn es um den Schutz der Sklaverei ging. Tatsächlich neigte das zarische Russland eher der Union zu, mit der man traditionell sehr gute Beziehungen pflegte. So blieb am Ende einzig Frankreich. Ab 1863 entbrannte zwischen den Emissären von Union und Konföderation ein Wettlauf um die Gunst des bonapartistischen Regimes in Paris. Beide Seiten glaubten dabei, sich gewissermaßen einer Hintertür bedienen zu können, des Kirchenstaates und Papst Pius' IX. Rom und die Kurie standen seit dem Ende der österreichischen Hegemonie in Oberitalien faktisch unter dem Schutz Frankreichs. Seit Gregor XVI. (1832–1846) hatte sich die Kurie zwar immer wieder gegen den Sklavenhandel ausgesprochen, aber Rom galt, durchaus zu Recht, als Hort des europäischen Konservativismus. Also entsandten Washington und Richmond Delegationen nach Rom, an deren Spitze hochrangige katholische Geistliche standen. Für die Union kam Erzbischof John Hughes von New York, ein persönlicher Freund William Sewards, für die Konföderierten zeigte sich der Bischof von Charleston, Patrick Lynch, in Rom und Paris. Im Endeffekt war die Unionsdiplomatie erfolgreicher. Rom wollte ohne Napoleon III. nicht handeln, der wiederum nicht ohne Großbritannien. So rang man sich nur dazu durch, die Konföderation als kriegführende Partei, nicht aber als eigenständigen Staat anzuerkennen. Vor allem aber erreichte Hughes, dass die Franzosen und Briten die Unionsblockade der konföderierten Küsten als völkerrechtsmäßig akzeptierten. Ab 1864 war dann allen Europäern klar, dass die Sache des Südens verloren war, und man begann, sich mit der alten und neuen Union zu arrangieren. Aufs Ganze gesehen scheiterten sämtliche diplomatischen Bemühungen der Konföderation letztlich daran, wie sehr sie die Funktion der Sklavereidebatte in der öffentlichen und medialen Kommunikation der europäischen Staaten unterschätzten. Die internen Strukturdefizite der Konföderation wirkten sich demnach auch auf ihre Außenpolitik aus. Auch vor diesem Hintergrund muss die *Emancipation Proclamation* von 1863 verstanden werden. Sie beraubte den Süden in Europa seiner letzten potenziellen Alliierten.

Dieses grundsätzliche Scheitern bedeutete indes nicht, dass es nicht auch Anlässe gab, in denen sich zeigte, wie nahe einige europäische Mächte im Prinzip und aus Eigennutz dem Süden standen. So verdarb es sich die Union fast mit Großbritannien, als 1861 US-Seestreitkräfte das britische Schiff *Trent* aufbrachten und zwei Gesandte der Südstaaten festsetzten. Auf massiven Protest der britischen Regierung hin ordnete Seward an, die beiden Männer wieder freizulassen. Schließlich kam es gelegentlich zu Konflikten wegen britischer Waffenlieferungen und geplanter Schiffslieferungen an die Konföderation, die wiederholt schwere Krisen zwischen London und Washington auslösten. Aber selbst diese Spannungen, die mitunter zu «Krieg-in-Sicht»-Krisen führten, bewegten die Briten nicht dazu, ihre neutrale Position aufzugeben. Die Konföderation blieb auch auf dem Feld der Diplomatie stets im Hintertreffen und keine der hochfliegenden Vorstellungen von 1861 konnte je in die Realität umgesetzt werden.

4. Ein Ende mit Schrecken

Nach dem Wahlsieg Lincolns im November 1864 quälten sich die beiden Armeen weiter durch den Morast um Petersburg im nördlichen Virginia. Der Krieg war inzwischen zum Stellungskrieg erstarrt. Gleichzeitig marschierten im Januar 1865 Shermans Regimenter von Georgia her kommend in South Carolina ein. Damit fiel jener Staat, der den gesamten Konflikt überhaupt erst ausgelöst hatte. Mehr noch als zuvor in Georgia wollten die Soldaten der Union hier Rache üben und die weiße Bevölkerung für ihre Illoyalität bestrafen. Sherman, immer Anhänger einer möglichst effektiven und brutalen Kriegführung, beförderte diesen Gedanken. In weiten Teilen des Landes brannten Häuser der Großgrundbesitzer, Felder und Äcker. Infolge der modernen Kommunikationsmittel erfuhren die konföderierten Soldaten rasch von dem Schrecken, der ihre Heimat heimsuchte. Viele warfen einfach ihre Waffen fort und machten sich, ohne weitere Erlaubnis abzuwarten, auf den Weg zu ihren Familien. Binnen weniger Tage schmolz die einst so stolze *Army of Northern Virginia* auf knapp 30 000 Soldaten zusammen. Grant verfügte hingegen über mehr als 115 000 Mann. Schon seit Herbst 1864 bedurfte es keiner überragenden strategischen und taktischen Fähigkeiten mehr, über die Grant sowieso nur in Maßen verfügt hatte, um diese kümmerlichen Überreste einer Armee zu schlagen. Am 2. April 1865 nahmen die Unionseinheiten Richmond ein. Das Kabinett Davis floh erst nach Danville und später nach Washington, Georgia. In Richmond zündeten die letzten konföderierten Soldaten die Stadt noch an, ehe sie flüchteten. Nun waren beide Seiten zu einer Taktik der verbrannten Erde übergegangen. Diesmal war es an den Nordstaatlern, Richmond vor dem völligen Ruin zu retten. Lees Truppen bewegten sich unterdessen in westlicher Richtung, wobei niemandem mehr recht ersichtlich war, welches Ziel der konföderierte Oberbefehlshaber damit verfolgte. Am Ende sah Lee die Sinnlosigkeit seines Handelns ein. Er und Grant trafen sich am 9. April 1865 in Appomatox Court House. In einer schlichten Zeremonie, die von beiden Seiten ausdrücklich als gegenseitige Anerkennung der militärischen Ehre von Sieger und Besiegtem verstanden wurde, kapitulierte General Lee. Die beiden Generäle gedachten kurz ihrer gemeinsamen Kriegserlebnisse im Mexikokrieg, Grant erlaubte es seinen Gegnern großzügig, ihre Pferde zu behalten, dann ging man auseinander. Fast exakt vier Jahre nach Beginn der Kampfhandlungen war der blutigste und teuerste Krieg der nordamerikanischen Geschichte beendet.

Die Nachgeschichte ist schnell erzählt. Am 14. April, dem Karfreitag des Jahres 1865, war es derselbe Robert Anderson, der vier Jahre zuvor die Fahne der Union eingezogen hatte, der sie in einem ebenso feierlichen wie symbolischen Akt wieder über Fort Sumter hisste. Einen knappen Monat später tagte das konföderierte Kabinett ein letztes Mal, um sich und die Konföderation aufzulösen. Jefferson Davis wurde kurz darauf festgenommen und verbrachte zwei Jahre im Gefängnis, zeitweilig in Ketten gelegt. Er wurde des Verrats angeklagt, aber der Prozess 1869 eingestellt. Während Robert E. Lee 1870 starb, lebte Davis relativ unbehelligt bis 1889. Sein Vizepräsident Stephens starb 1883 als 58. Gouverneur des Staates Georgia. Beide, Davis und besonders Stephens, hatten vor ihrem Tod noch verklärende, zum Teil sogar schönfärberische Geschichten der Konföderation geschrieben, die für geraume Zeit das Bild dieses faktisch höchst unvollkommenen, fragmentarischen Staatswesens und des Bürgerkriegs insgesamt prägten. Sie starben, im Süden hochgeehrt und im Norden weithin respektiert, obgleich das beinahe übermenschliche Bild Robert E. Lees beider Andenken weit überstrahlte.

Dieses Bild bleibt gleichwohl viel zu oberflächlich. Es übersieht nicht nur die strukturellen und kulturellen Problemlagen, die das Kriegsende mit sich brachte, sondern es blendet das entscheidende Ereignis jener Tage am Ende des großen Kriegs vollkommen aus: den Tod des Präsidenten Abraham Lincoln. Wenige Stunden nachdem im Hafen von Charleston Kanonenschüsse die Wiedervereinigung der Union als Nation gefeiert hatten, drang im *Ford Theater* in Washington, D. C. ein Schauspieler in die Loge des Präsidenten ein und rief: «Sic semper tyrannis!» (So ergeht es allen Tyrannen), den Wahlspruch des Staates Virginia. Dabei richtete John Wilkes Booth seine Pistole auf Lincoln und drückte ab. Der Präsident brach tödlich verwundet zusammen und starb einen Tag später. Am Dienstag nach Ostern wurde er beerdigt und von einem der anwesenden Prediger als der gekreuzigte Christus der Union gefeiert. Das gesamte Land verfiel für einige Tage in Schreckstarre. Selbst im Süden fand sich manche besonnene Stimme, die den Tod des konzilianten Lincoln beklagte, stand doch die Frage, wie man mit den einstigen Konföderierten umgehen sollte, noch ungeklärt im Raum. Nur einige radikale Anhänger des Sklavensystems freuten sich offen, im Süden begleitete mancher Fluch Lincoln ins Grab. Andere, insbesondere Iren, nahmen den Tod des Präsidenten fast schon provokant gelassen hin. Lincoln war der erste Präsident der USA, der ermordet wurde (wenn man Verschwörungstheorien über einen angeblichen Giftmord an dem 1850 früh verstorbenen Whig-Präsidenten Zachary Taylor, die 1991 allerdings endgültig widerlegt wurden, nicht einbezieht). Andere sollten sein Schicksal teilen, 1865 aber war es für die Mehrheit der Amerikaner ein unvorstellbares Ereignis. Hinter dem Attentat stand eine Verschwörung fanatischer Sympathisanten der Konföderation. Gemäß ihrem Plan hätten neben Lincoln auch Außenminister Seward und Kriegsminister Stanton getötet werden sollen, aber in beiden Fällen scheiterten die Versuche der Meuchelmörder. Die Gruppe, insgesamt weniger als zehn Personen, wurde schnell ausgehoben.

Mit Lincoln starb jede Möglichkeit herauszufinden, welche Antworten der siegreiche Kriegspräsident auf die Probleme des Friedens gefunden hätte. Gerade in der Frage des Umgangs mit den eben befreiten Schwarzen war er dabei, seine Positionen zu ändern. Unter dem Einfluss von Douglass, aber auch von seiner Frau Mary Todd Lincoln revidierte er schrittweise seinen überkommenen, tief verankerten Rassismus. Mehr und mehr war Lincoln davon überzeugt, auch Schwarzen das volle Bürger- und Wahlrecht gewähren zu müssen. Schließlich hatten sie im Krieg tapfer und unter hohen Verlusten für ihre Rechte und den Erhalt der Nation gekämpft. In diesem Punkt näherte er sich den Ansichten der Radikalen an. Demgegenüber scheint er bis in seine letzten Lebenstage an den äußerst konzilianten Plänen für die Reintegration des Südens festgehalten zu haben. Sein Nachfolger übernahm diese Pläne und geriet dadurch in einen ausweglosen Konflikt mit dem radikalen Flügel der Republikaner. Lincoln wäre Ähnliches kaum erspart geblieben. Es ist daher fraglich, ob er, hätte er überlebt, ebenso eine nationale Ikone geworden wäre wie nach dem Mordanschlag. Sicher ist, dass sein vorzeitiger Tod ihm einen Nachruhm sicherte, der ihm andernfalls kaum gewährt worden wäre.

IV. Der Übergang zum integrativen Nationalstaat

1. Das Ideal der Moderation: Die frühe Rekonstruktionspolitik, 1865–1866

Angesichts der Probleme der Nachkriegszeit, die sich vor ihm auftürmten, war der neue Präsident Andrew Johnson eigentlich ein bedauernswerter Mann. Selbst größere Geister als er hätten sich mit den Umständen schwergetan, und dass er ein großer Geist war, wagten nicht einmal seine Freunde zu behaupten. Wenigstens eines aus einer Vielzahl von Problemen löste sich besser und schneller, als man hätte erwarten können. Die Demobilisierung der Bürgerkriegsarmeen schritt einigermaßen rasch voran. Viele konföderierte Soldaten waren einfach nach Hause gegangen. Die Unionstruppen durften noch unter dem Jubel der Bevölkerung durch die Straßen paradieren, wobei zum letzten Mal für viele Jahrzehnte auch schwarzen Einheiten diese Ehre zuteilwurde. Wichtig war ferner, dass die Kriegserfahrung der Soldaten zumindest im Norden und Mittelwesten zu keiner nennenswerten Brutalisierung der Gesellschaft führte. Man hätte vermuten können, dass die durch den Krieg ausgelösten Traumata sich eventuell in einer entfesselten gesellschaftlichen Gewalt Luft gemacht hätten, aber dem war in den großen Industriestädten nicht so. Ausnahmen von dieser Regel bildeten der Süden, auf den noch eigens einzugehen ist, und der Westen. Dort, jenseits des Mississippi, in den Prärien und dem Felsengebirge, kam es zu einer anhaltenden Welle von Gewalt, die von 1865 bis etwa 1919 anhielt. In über 40 lokalen Kleinkriegen von Montana bis New Mexico rangen republikanische Großgrundbesitzer, demokratische Kleinfarmer und Rancher, *vigilante mobs* und Gesetzlose, Gewerkschafter und Minenbesitzer in einer nicht enden wollenden Spirale der Gewalt um die Frage der kapitalistischen Organisation der Agrarindustrie. Die amerikanische Forschung hat diesem Prozess, der eng mit dem Verlauf und den Ergebnissen des Bürgerkriegs gekoppelt war, den treffenden Namen *Civil War of Incorporation* gegeben. Im Mittelpunkt dieser von medialen Mythen umgebenen Serie von Konflikten stand die Frage, inwieweit die Agrarproduktion des Westens industrialisiert und in eine national und global vernetzte Industrieordnung integriert werden sollte. Im Hintergrund standen dabei zusätzlich die Kapitalinteressen ausländischer, vorwiegend britischer Investoren, *absentee owners*, die ihren Großgrundbesitz oft von London oder Manchester aus durch Aufseher verwalten ließen, ohne die Bedingungen vor Ort zu kennen. Sie kooperierten meist eng mit der Republikanischen Partei. Die nationale Exekutive hielt sich aus diesen Streitigkeiten überwiegend heraus und überließ das Feld einzelstaatlichen und bevorzugt privaten Akteuren, darunter der Pinkerton Detektei, die Lincolns Geheimdienstchef aufgebaut hatte.

Der Westen aber war weit weg, und an der Ostküste harrten schwerwiegendere Fragen der Lösung, die zu allem Überfluss eng miteinander verwoben waren: Wie konnte man den Süden wieder in die USA einbinden? Was sollte mit den befreiten Schwarzen und den Relikten der Sklaverei in den alten Unionsgebieten geschehen? Die Antwort auf die erste Frage hing unter anderem von verfassungsrechtlichen Prämissen ab, wobei es auf diesem Gebiet 1865 binnen weniger Tage zu eigentümlichen Wandlungen kam. Die von der neuen Militärregierung South Carolinas bestimmten Abgeordneten der Staatslegislatur hatten verkündet, die Sezession von 1860 sei null und nichtig gewesen. Nichts anderes hatte man von ihnen erwartet. Aber der Widerspruchsgeist des unruhigen und widerspenstigen Staates war keinesfalls tot, denn die Abgeordneten beharrten zusätzlich darauf, sie hätten weiterhin prinzipiell das Recht auf Sezession von der Union. Damit war das ganze Paradox der Situation umschrieben. Im Süden, wo man 1860/61 in rechtlich durchaus nachvollziehbarer Form aus der Union ausgetreten war, befand man nun plötzlich, man sei nie wirklich ausgetreten und müsse weiterhin als der Union vollwertig zugehörig betrachtet werden. In der Konsequenz bedeutete dies die Entsendung gewählter Abgeordneter in den Kongress und politische Teilhabe, so als sei nichts geschehen. Im Hintergrund stand dabei zusätzlich die Erwartung, der wirtschaftlich stärkere Norden werde die ökonomisch weitgehend am Boden liegenden Südstaaten dann unterstützen, wenn sie volle Staatlichkeit hätten. Für viele radikale Nordstaatler, allen voran Charles Sumner und Thaddeus Stevens, war das aber absolut inakzeptabel. Viele Kriegsdemokraten teilten ihre Vorbehalte. In ihren Augen war der Süden, obwohl sie während des gesamten Krieges das Gegenteil behauptet hatten, nun wirklich aus der Union ausgetreten und hatte damit das Recht auf legale und politische Partizipation verwirkt. Die Gebiete im Süden hätten ihre Staatlichkeit durch den Akt der Rebellion verloren und müssten sich erst wieder als Bundesterritorien bewähren. Überdies seien die politischen und militärischen Führer der Rebellion als Hochverräter zu bestrafen. In Anbetracht dieser unvereinbaren Ausgangsvoraussetzungen und Forderungen entschloss sich Johnson, an dem Kurs festzuhalten, den Lincoln bereits während des Krieges festgelegt hatte. Demnach war der Süden faktisch nicht ausgetreten und konnte deswegen relativ leicht reintegriert werden, wenn 10 Prozent der Wahlberechtigten von 1860 einen Loyalitätseid auf die USA ablegten. Auf dieser Grundlage hatte Lincoln schon während des Krieges in Tennessee, Arkansas und Louisiana unionsloyale Regierungen installiert. Nur bestimmte konföderierte Amtsträger sollten darüber hinaus von dem Pardon ausgeschlossen und hart bestraft werden. Ihnen würde man entweder für den Rest ihrer Lebenszeit oder auf unbestimmte Dauer sämtliche bürgerlichen Ehrenrechte absprechen. Vermutlich, so ließ Johnson durchblicken, würden einige von ihnen wegen Hochverrats hingerichtet werden. Im Mai 1865 erließ der Präsident eine entsprechende Verordnung, die sämtliche Amtsinhaber der Konföderation, ihre Offiziere und alle Personen, die über Eigentumswerte von mehr als 20.000 Dollar verfügten, von allen politischen Rechten ausschloss. Hinter dem letzten Punkt stand Johnsons Überzeugung, die Reichen im Süden seien an der Sezession schuld gewesen und der Krieg sei ausschließlich ihrer Initiative zu verdanken. In Gesprächen und Mitteilungen deutete Johnson überdies an, er trete für ein Wahlrecht wenigstens für jene Schwarzen ein, die Landbesitz hätten, Steuern zahlten und lesen könnten. Die radikalen Republikaner atmeten erleichtert auf. Mit diesem Kompromiss konnten sie leben, obwohl er ihre Maximalforderungen nicht erfüllte. Aber die Stoßrichtung war klar: keine Gnade für die Sezessionisten. Zugleich bedeutete dies, dass die Partei die Möglichkeit hatte, im Süden ihre Basis organisatorisch erst aufzubauen und dann langfristig zu festigen, da jede politische Konkurrenz vorerst ausgeschaltet sein würde. Diese politische Strategie würde die Dominanz der Republikaner über Jahrzehnte hinaus sichern.

Möglicherweise waren es diese parteipolitischen Erwägungen, die allerorten ganz offen diskutiert wurden, die bei Johnson einen abrupten Kurswechsel auslösten. Schlagartig fing er nämlich an, Konföderierte zu begnadigen. Im Laufe des Sommers 1865 kam er auf die ungeheure Zahl von 13 000 Begnadigungen. Als Demokrat, der seine Partei nie verlassen hatte, konnte Johnson unmöglich daran gelegen sein, die Vorherrschaft der Republikaner auf unabsehbare Zeit zu zementieren. In der Forschung werden allerdings auch andere Gründe, viele von ihnen eher persönlicher Natur, für seinen Schwenk diskutiert. Dennoch dürften politische Überlegungen den Ausschlag gegeben haben. Der Präsident fing nun an, Gouverneursposten und andere Ämter im Süden mit genau den Männern zu besetzen, die schon vor 1860 dort tätig gewesen waren, unter anderem mit dem extrem umstrittenen William Holden in North Carolina, der in seinem Leben schon jeglicher politischen Richtung angehört hatte. Die Südstaaten sollten ferner mit ihren eigenen Politikern ihre Verfassungen erarbeiten. Nicht einmal die Akzeptanz des XIII. Verfassungszusatzes, also der Aufhebung der Sklaverei, blieb als Bedingung für den Wiedereintritt in die USA bestehen.

Damit rückte die zweite Frage in den Mittelpunkt der Aufmerksamkeit. Nur wenige Amerikaner hatten sich Gedanken über das Schicksal der Schwarzen nach der Emanzipation gemacht. Und selbst Lincoln hatte sich über Monate hinweg gegen den Gedanken gesperrt, die Sklaverei durch einen Verfassungszusatz abzuschaffen. Gegen den *Wade-Davis Reconstruction Bill* hatte er 1864 sein Veto eingelegt, weil dieser Gesetzesvorschlag der radikalen Republikaner ein Ende der Sklaverei in sämtlichen Staaten der Union, auch in Louisiana, vorschrieb, was Lincoln strikt ablehnte. Er wollte die bisherigen Erfolge bei der Reintegration der Südstaaten auf keinen Fall gefährden. Dabei lief bereits der verfassungsrechtliche Prozess, der dann 1865 in den XIII. Verfassungszusatz mit dem Verbot der Sklaverei mündete. Ursprünglich hatte es sich um ein rein republikanisches Anliegen gehandelt, das auf einen Entwurf John Quincy Adams' aus dem Jahr 1839 zurückging und im Dezember 1863 im Repräsentantenhaus neu aufgegriffen wurde. Aber erst als sich im darauffolgenden Januar auch einige Kriegsdemokraten unter Führung von Senator John B. Henderson aus dem Sklavenstaat Missouri dem Begehren anschlossen, nahm das Projekt Fahrt auf. Der Senat billigte die Verfassungsänderung im April 1864 mit 38:6 Stimmen. Erst jetzt griff der Präsident aktiv ein, nachdem klar geworden war, dass das *amendment* eine echte Chance hatte, ratifiziert zu werden. Lincoln nahm, trotz des heftigen Widerstandes, den dies unter den Friedensdemokraten provozieren musste, das *amendment* in sein Wahlprogramm auf. Nachdem er einmal an Bord war, zeigte sich Lincoln freilich sehr aktiv und wirkte entscheidend daran mit, den Vorschlag durch das Repräsentantenhaus zu bringen, wo er mit 119:56 Stimmen gebilligt wurde. Nun war es an den Einzelstaaten, gleichfalls einzuwilligen. Dies zog verfassungsrechtliche Bedenken nach sich, da in der Kriegs- und unmittelbaren Nachkriegssituation überhaupt nicht eindeutig geklärt war, welche Staaten mit welchen Regierungen das Recht hatten, an diesem Prozess teilzunehmen. Die Tragweite des Problems zeigt sich, wenn man auf die Ergebnisse in den Südstaaten blickt. Bis Dezember 1865, dem Termin, an dem die notwendige Zweidrittelmehrheit zustande kam, hatten die unter Militäraufsicht stehenden Staaten Arkansas und South Carolina sowie das bereits rekonstruierte Louisiana für den Verfassungszusatz gestimmt. Danach lehnten allerdings die in der Union verbliebenen Grenzstaaten des oberen Südens mit Ausnahme Missouris das *amendment* ebenso ab wie New Jersey und Mississippi. Nur am Rande sei vermerkt, dass Kentucky dem XIII. Verfassungszusatz 1976 und Mississippi erst in einem symbolischen Akt 1995 zustimmten. Insgesamt jedoch vollzog sich die Abschaffung der letzten Relikte der Sklaverei – betroffen waren nur noch die Sklaven in den Unionsgebieten, vermutlich etwas über 40 000 – vergleichsweise ruhig und ohne echten Widerstand. Der sozioökonomische Anachronismus der *peculiar institution* war selbst den meisten Plantagenbesitzern inzwischen deutlich geworden. Mehr aber auch nicht.

Mit einer geänderten Verfassung war es daher nicht getan. Das *amendment* spiegelte gewiss die veränderten gesellschaftlichen Realitäten auf der juristischen Ebene wider, reichte für sich genommen aber kaum, um diese auch in den Griff zu bekommen. Die Schwierigkeiten, vor denen die einstigen Sklavenstaaten standen, waren in jeder Hinsicht diffizil. Entgegen allen Befürchtungen der Sklavenhalter und ihrer politischen Verbündeten blieben gewalttätige Racheakte der befreiten Sklaven auch jetzt weitgehend aus. Weder kam es zu spektakulären Massenmorden noch zu den prophezeiten Massenvergewaltigungen. Ganz im Gegenteil, die meisten Schwarzen waren erst einmal darauf bedacht, ihre zerbrochenen Familienstrukturen wiederaufzubauen. Zahllose ehemalige Sklaven wanderten unter zum Teil extrem widrigen Bedingungen durch die Südstaaten, um verkaufte oder verschleppte Familienmitglieder zu suchen. Neben der Rekonstruktion der Familien war Bildung ein weiteres vorherrschendes Thema in den schwarzen Gemeinden. Unter erheblichen eigenen Anstrengungen, unterstützt nur von wenigen idealistischen Abolitionisten, meistens Frauen aus dem Norden, bauten die Schwarzen sich eigene Schulen auf, um so schnell wie irgend möglich genügend Bildung zu erwerben und am gesellschaftlichen wie politischen Leben gleichberechtigt teilhaben zu können. Damit rezipierten sie die bürgerlich-liberale Leistungsethik der Zeit, die Bildung und soziale Partizipation meritokratisch aneinandergekoppelt hatte. Zugleich wollten sie das grassierende Vorurteil von der Bildungsunfähigkeit und dem Bildungsunwillen der Schwarzen durch die Tat widerlegen. Die institutionelle Basis all dieser Aktivitäten und wohl auch des pointierten Gewaltverzichts der Schwarzen war die *black church*, jene Ansammlung von protestantischen Denominationen, die seit dem 18. Jahrhundert ausschließlich für Schwarze gegründet worden waren. Zumeist handelte es sich um baptistische, methodistische oder episkopale Denominationen; katholische Schwarze waren außerhalb Louisianas eine verschwindend kleine Gruppe.

Die Aktivitäten der befreiten Schwarzen wurden von den weißen Südstaatlern mit Misstrauen, Hass und Bitterkeit verfolgt, eine Position, die Weiße aus dem Norden durchaus teilten. Neben einer Fülle von Vorurteilen hatte die dahinterstehende Sorge zumindest ein Fundament in der sozialen Realität des Südens. Wie sollten sich die Schwarzen versorgen? Auf welcher Basis sollten sie künftig ihr Auskommen erwirtschaften? Natürlich konnte man an eine umfassende Landreform denken. In Kreisen radikaler Republikaner wurde diese Alternative ernsthaft diskutiert. Damit hätte man gleichzeitig den Schwarzen eine solide ökonomische Grundlage für ihre Zukunft verschafft und die traditionale semifeudale Gesellschaftsordnung des Südens im Interesse einer liberalen und kapitalistischen Marktwirtschaft endgültig zerschlagen. Aber wieder stand das liberale Prinzip der Unantastbarkeit des Eigentums im Wege. Bis weit in die konservativen und moderaten Reihen der Republikaner hinein war man keineswegs willens, einer solchen Totalreform zuzustimmen, und von den Demokraten war dies ohnehin nie zu erwarten gewesen. Da die Republikanische Partei uneins blieb, überließ man die konkrete Gestaltung der Nachkriegsgesellschaft den Südstaatlern, die überaus restriktiv vorgingen. Unterstützt von Präsident Johnson erließen die Südstaaten 1865 und 1866 die sogenannten *Black Codes*, in welchen den einstigen Sklaven jedwede Form von politischer Teilhabe, allem voran das Wahlrecht, ebenso untersagt wurde wie die freie Berufswahl oder der Unterricht an öffentlichen Schulen. Überdies wurde ein Arbeitszwang für die Schwarzen realisiert, die auf diese Weise ihren früheren Herren ebenso dienen mussten wie in der Antebellumära, allerdings nun ohne jede paternalistische Verbrämung. Gleichzeitig wurden strenge Gesetze gegen jede Form der Rassenmischung eingeführt, die es vor 1860 so nicht gegeben hatte. Der Wegfall der Sklaverei sorgte dafür, dass die Rassentrennung nunmehr auf dem Weg der Rechtsvorschriften durchgesetzt wurde. In dieser Epoche wurde die schon vor 1865 gültige *one drop rule* endgültig zum Dogma. Demnach war jeder schwarz, der über ein schwarzes Großelternteil verfügte. Der binäre Rassencode der Angelsachsen setzte sich nach dem Krieg im gesamten Süden durch und prägt bis heute das Denken in den Vereinigten Staaten. Man kann sogar sagen, dass der Rassismus nach 1865 schärfer war als zuvor, denn er ersetzte das gelegentlich paternalistische Herrschaftsverständnis der *herrenvolk democracy* der Antebellumära vollständig und irreversibel. Im Hintergrund stand die doppelte Furcht vor der angeblichen rassischen Minderwertigkeit der Schwarzen, die jetzt mehr denn je im Sinne unveränderlicher und unverrückbarer organisch-essenzialistischer Rassecharakteristika verstanden wurde, und der Möglichkeit schwarzer und republikanischer Mehrheiten in den Staatslegislaturen. Letzteres war vorrangig aus psychologischen Gründen für viele Weiße eine kaum erträgliche Vorstellung. Künftig ausgerechnet von jenen regiert zu werden, die man über Jahrhunderte hinweg mit absoluter Gewalt beherrscht hatte, überstieg das Vorstellungsvermögen selbst wohlgesinnter Südstaatler.

An diesem Punkt verknüpften sich die Probleme der staatlichen Rekonstruktion mit denen des Umgangs mit den befreiten Schwarzen. Aus der Warte radikaler Republikaner war Johnsons Politik eine Zumutung, da sie im Grunde die Verhältnisse aus der Zeit vor 1860 weitestgehend wiederherstellte. Umgekehrt empfand der Präsident seine Politik bereits als Zugeständnis an die Radikalen. Aufgrund seines tief verwurzelten persönlichen Rassismus hatte er keinerlei Interesse an den gesellschaftlich und parteipolitisch motivierten Visionen der Radikalen. Daher verschärfte sich bereits im Jahr 1865, dann aber vor allem 1866 die politische Situation erheblich. Zwischen dem republikanischen Kongress und dem Weißen Haus kam es zu einer dauerhaften Konfliktsituation. Dabei standen drei Gesetzgebungsvorhaben der Republikaner im Zentrum: das XIV. *Amendment*, die *Civil Rights Bill* und die *Freedmen's Bureau Bill*. Vergleichsweise noch am wenigsten kontrovers war der neuerliche Verfassungszusatz, der den Schwarzen das amerikanische Bürgerrecht zubilligte und zugleich die Frage des Bürgerrechts der nationalen und nicht mehr ausschließlich der Einzelstaatenjurisdiktion unterstellte. In diesem einen Fall, der allerdings schon in die Phase des heißen Wahlkampfes 1866 fiel, entschied sich Johnson für das Nichtstun. Diese bewusste politische Zurückhaltung, die niemanden desavouierte, führte zu einer relativ raschen Akzeptanz des Vorschlags auf dem Parkett der Hauptstadt. Der komplette Süden aber, mit Ausnahme Tennessees, stimmte auf der Ebene der Bundesstaaten gegen den neuerlichen Verfassungszusatz. Dies änderte jedoch nichts an den gegebenen Mehrheitsverhältnissen. Der 14. Zusatz erhielt 1868 Verfassungsrang. Mit diesem Beschluss wurde der Tenor des Urteils *Dred Scott vs. Sanford* aus dem Jahr 1857 hinfällig. Schwarze waren nun, anders als frisch eingewanderte Japaner oder Chinesen, berechtigt, Bürger der USA zu werden. Unklar blieb allerdings, wie sich diese Bestimmung in der Praxis des Südens auswirken würde, insbesondere wenn nicht absehbar war, ob und inwieweit die Bundesregierung die ihr übertragenen Kompetenzen tatsächlich nutzen würde.

Gänzlich anders lief es bei den beiden anderen Gesetzesinitiativen, deren parteipolitische Motivation allerdings deutlicher erkennbar war als bei dem XIV. *Amendment*. Die *Civil Rights Bill* war einerseits der gewissermaßen natürliche Ausfluss der Sklavenemanzipation, indem sie die politischen Mitwirkungsrechte der Schwarzen sichern sollte. Andererseits war sie Bestandteil der *Southern Strategy* der radikalen Republikaner, die das Ziel dauerhafter Herrschaftssicherung im Süden und auf nationaler Ebene verfolgten. Mindestens ebenso umkämpft war das *Freedmen's Bureau*, das im März 1865 vom Kriegsministerium unter Führung des Generals Oliver O. Howard erst einmal für ein Jahr gegründet worden war. Die Hauptaufgabe dieser Institution bestand zuallererst darin, die befreiten, aber bitterarmen Schwarzen mit Nahrungsmitteln und Medikamenten zu versorgen. Darüber hinaus hatte das Büro aber noch einen zweiten Zweck: In einer umfassenden Landreform sollte das Land, welches den konföderierten Amtsträgern, Offizieren und Großgrundbesitzern wegen ihres Verrats abgenommen werden sollte, in Parzellen zu 40 *acres* an Freigelassene verteilt werden. Dies hätte nichts anderes als die totale Revision der gesellschaftlichen Gegebenheiten im Süden mit sich gebracht, ganz so, wie die

Radikalen es verlangten. In der Realität beschränkten sich die Aktivitäten des *Freedmen's Bureau* meist jedoch darauf, Arbeitsverträge zwischen den Großgrundbesitzern und ihren einstigen Sklaven auszuhandeln beziehungsweise zu vermitteln, da Johnson mit seiner großzügigen Begnadigungspraxis jede Konfiskation von Ländereien unmöglich machte. Angesichts der intransigenten Haltung des Präsidenten sollte der Handlungsspielraum des Büros erweitert werden, um die geplanten gesellschaftlichen Veränderungen doch noch durchzuführen. Beide Maßnahmen, die *Civil Rights Bill* und die *Freedmen's Bureau Bill*, stießen im Süden, bei den Demokraten und bei Johnson höchstpersönlich auf Widerstand. Der Präsident legte daraufhin sein Veto gegen die Gesetzesvorhaben ein, da er sie für einen Verstoß gegen das Prinzip der Einzelstaatenrechte hielt. Ganz wie in der späten Antebellumära war damit die Tonlage für das folgende Jahrhundert vorgegeben. Hatte die Berufung auf Einzelstaatenrechte (*state rights*) nach 1848 nur noch bedeutet, dass man die Sklaverei verteidigen wollte, so meinte dieser im 18. Jahrhundert erst revolutionäre, dann konservative und antinationale Schlachtruf im späten 19. und weiten Teilen des 20. Jahrhunderts nichts anderes als die Verteidigung der rassistischen Sozialordnung des Südens.

Der Wahlkampf des Jahres 1866 war zuvörderst von diesen Fragen gekennzeichnet. Die radikalen Republikaner bekämpften mit äußerster Entschiedenheit die moderat-unionistische Politik, die aus ihrer Perspektive restaurativ war. Johnson hingegen und die Demokraten suchten ihr Heil in einer Neuauflage des rassistischen Wahlkampfs von 1864. Mitten im Wahlkampf überstimmte der Kongress Johnsons Veto erst gegen die *Civil Rights Bill* und dann gegen die *Freedmen's Bureau Bill*. Beide erhielten Gesetzeskraft und dienten von nun an als legale Grundlage für die republikanische Strategie im Süden. Das *Freedmen's Bureau* blieb aber trotz seiner bald 900 Mitarbeiter bis zu seinem Ende im Jahre 1872 vor allem auf humanitärem Gebiet erfolgreich. Insbesondere die Einrichtung schwarzer Schulen verdankte sich seiner Kooperation mit Philanthropen aus dem Norden und schwarzen Aktivisten im Süden. Eine Landreform fand nie statt. Mit den Vetos verschlechterte sich das Verhältnis zwischen Republikanern und Präsident über die Grenze des Unerträglichen hinaus. Johnsons Hoffnung, mithilfe der Zwischenwahlen die Stellung der Demokraten ausbauen zu können, erfüllte sich nicht. Im Senat siegten die Republikaner mit 42:11, im Repräsentantenhaus mit 143:49 Sitzen. Das war an sich ein kleiner Erfolg der gestärkten Demokraten, viel wichtiger war allerdings, dass bei den Republikanern der radikale Flügel gestärkt aus den Wahlen hervorging. Da sie diesen Erfolg 1868 wiederholen und noch ausbauen konnten, hatten nun erst einmal die Radikalen das Sagen. Die präsidentielle Rekonstruktion endete mit einer herben Niederlage Johnsons.

2. Der Anlauf zur bürgerlichen Revolution: Die radikale Rekonstruktion, 1866–1877

In den Augen der radikalen Republikaner war der Präsident das entscheidende Hindernis auf dem Weg zu einer tiefgreifenden Reform der südstaatlichen Gesellschaft. Die Gleichberechtigung der Schwarzen, eine gerechtere Landverteilung und eine mögliche industrielle Neustrukturierung des Südens waren nur machbar, wenn die alten Eliten durch neue ersetzt würden. In den ersten Wochen nach Kriegsende hatte es noch ganz so ausgesehen, als sei dies relativ leicht möglich, da die konföderierten Eliten besiegt, desavouiert und mehr als angeschlagen waren. Johnsons zögerliche Rekonstruktionspolitik hatte es ihnen gleichwohl erlaubt, wieder in Tritt zu kommen. Dies geschah nicht allein in Gestalt der allerorten wiederauftauchenden Südstaatendemokraten. Der Süden reagierte, wie er vor dem Krieg schon immer reagiert hatte: mit exzessiver Gewalt. Diese Gewalt richtete sich gegen alle, die man im Verdacht hatte, im Süden ein republikanisches Regime errichten zu wollen. Fast selbstverständlich waren die befreiten Schwarzen, vor allem wenn sie politisch oder wirtschaftlich aktiv werden wollten, die ersten Opfer. Hinzu traten weiße Funktionäre und Anhänger der Republikaner, die inzwischen eine Parteiorganisation in sämtlichen Teilen des Südens errichtet hatten. Oft handelte es sich um Kleinbauern aus den Piedmontgebieten des alten Südens, die vor 1865 kaum Sklaven gehalten hatten. Im Jargon der Bourbonen genannten Südstaatendemokraten hießen sie nach einer Mustangart *scalawags*. Der Begriff Bourbone war den konservativen Südstaatlern in Anlehnung an die französische Dynastie gleichen Namens gegeben worden. Von deren nachrevolutionären Königen, Ludwig XVIII. und Karl X., hieß es nämlich, sie hätten nichts vergessen und nichts gelernt. Kaum eine Bezeichnung hätte für die Südstaatendemokraten, die sich selbst lieber als «Erlöser» (*redeemer*) sahen, besser gepasst. Sie vergaßen über ein Jahrhundert lang gar nichts, und zu lernen, sich an die neue Zeit anzupassen, war ebenfalls nicht ihre Stärke. Das andere Feindbild der Bourbonen waren die *carpetbeggars*, Nordstaatler, die in den Süden gekommen waren, um dort ökonomisch Fuß zu fassen. Sie und die *scalawags* wurden als Kriegsgewinnler denunziert und zu bevorzugten Opfern von Gewalt. Die letzte Opferkategorie bestand aus abolitionistischen Philanthropen, die im Rahmen des *Freedmen's Bureau* im Süden arbeiteten, häufig Frauen, die als Lehrerinnen oder frühe Sozialarbeiterinnen tätig waren. Wie schon während des Kriegs warf man ihnen vor, sexuelle Beziehungen mit schwarzen Männern aufzunehmen, um eine minderwertige Hybridrasse zu züchten, welche die Weißen aus ihrer angestammten Führungsposition verdrängen sollte.

Die Gewalt setzte erst langsam, vereinzelt und relativ spontan ein, ehe sie im Laufe der Jahre 1866, 1867 und 1868 immer besser organisiert und umfassender wurde. Wurden 1865 noch bevorzugt Einzelpersonen oder vereinzelte Gehöfte mit schwarzen Besitzern angegriffen, so häuften sich ab 1866 Massaker. Im Sommer 1866 kam es erst in Memphis, dann in New Orleans zu massenhafter Gewalt. Allein in New Orleans wurden im Verlauf einer republikanischen Wahlversammlung 89 Schwarze ermordet. Die Polizei tat nichts. Ab 1867 wurden Massaker regelrecht zur Normalität und sie blieben es bis weit in die 1870er Jahre hinein.

Seit den 1880er und 1890er Jahren richtete sich diese Form extralegaler Volksgewalt dann vorrangig gegen schwarze Gewerkschafter und Populisten, die an der Rassenpolitik des Südens rütteln wollten. Noch im Jahr 1900 zog ein weißer, demokratischer *mob* durch Grimes County in Texas, um wahllos Populisten, Schwarze und Gewerkschafter zu ermorden. Zu diesen politisch-rassisch motivierten Massenmorden traten die *lynchings*, also das rituelle Töten meist schwarzer, männlicher Opfer vor großen Mengen von Schaulustigen, meist unter dem Vorwand, sie seien Mörder oder Vergewaltiger. Diente diese Art der Gewaltanwendung in den 1860er und 1870er Jahren noch dazu, potenzielle politische und gesellschaftliche Rivalen aus dem Feld zu schlagen, so hatte sie ab den 1880er Jahren, als sie immer stärker ritualisiert und etwa durch Kastration der Opfer stärker sexuell aufgeladen wurde, eher die Funktion, die einmal gezogenen Rassengrenzen unter allen erdenklichen Umständen aufrechtzuerhalten.

Eine wesentliche Rolle bei dieser Explosion der Gewalt im Nachkriegssüden fiel einer Organisation zu, die 1865 von gelangweilten Offizieren der Konföderation in Tennessee gegründet und zeitweilig von Nathan Bedford Forrest geführt wurde: dem Ku Klux Klan. Der Klan der 1860er und 1870er Jahre war – anders als die populärkulturellen Mythen und Legenden aus den Jahrzehnten nach 1900 gerne suggerieren – keine ritterliche Befreiungsbewegung, sondern eine terroristische Vereinigung, die das Ziel verfolgte, die uneingeschränkte Herrschaft der weißen Rasse und der Bourbonen wiederherzustellen. Auch trugen sie in aller Regel keine einheitliche Uniform in Gestalt eines Geisterkostüms, sondern meist nur eine Kapuze. Es handelte sich zudem nicht um eine straff und zentral gelenkte Organisation, sondern um eine Art Netzwerk, das ab 1867 im gesamten Süden präsent war. Glück hatten jene Opfer, die «nur» ausgepeitscht wurden. Der Klan zelebrierte seine Gewaltexzesse und kannte dabei keine Gnade. Der Schutz weißer Frauen und ihrer Ehre diente dabei als beliebter Vorwand. Allerdings schreckten die *Klansmen* oft dann zurück, wenn sie auf Gegenwehr stießen. Es sind vielfältige Berichte von schwarzen Farmern überliefert, die ihr Heim mit der Waffe in der Hand verteidigten, was dann rasch zum Rückzug des Klans führte. Noch wichtiger aber wäre die Präsenz von Polizei und Militär gewesen.

Diese Passivität war es, die den Klan in Washington zum

Skandal machte. Johnson weigerte sich unter dem Deckmantel der Einzelstaatenrechte, militärisch gegen den Klan vorzugehen. Dies hieß aber nichts anderes, als jeden, der sich im Süden gegen eine Rückkehr der alten Eliten aussprach, seinem Schicksal zu überlassen. Zudem war es Ausdruck einer parteipolitischen Rechnung: Jede Schwächung der Republikaner im Süden führte automatisch zum Erstarken der Demokraten. Genau dies aber blieb Johnsons wichtigstes Ziel, was den Republikanern ebenfalls bewusst war. Sie verfügten in dieser Auseinandersetzung über einen ganz klaren Vorteil, saßen doch überzeugte Radikale in Johnsons Kabinett, die dessen Politik zu konterkarieren verstanden. Im Januar 1867 spitzte sich die prekäre Situation zur ernsten Verfassungskrise zu. Johnson legte gegen fast alle Gesetzesvorschläge der Republikaner sein Veto ein, das regelmäßig überstimmt wurde. Gleichzeitig reagierte der Kongress, indem er den *Tenure of Office Act* verabschiedete, der alle Personalentscheidungen im Kabinett von der Zustimmung des Kongresses abhängig machte. Dies nahm Johnson zum Anlass, Kriegsminister Stanton durch Ulysses S. Grant zu ersetzen, was bald zu kuriosen Szenen in der Hauptstadt führte, da nun zwei Personen beanspruchten, Kriegsminister der USA zu sein. Wiederum parallel dazu versuchte der Präsident, alle Anweisungen des Kongresses an die Militärbefehlshaber im Süden rückgängig zu machen und auf diese Weise die radikale Rekonstruktion zu sabotieren. Allmählich wurde die Lage grotesk. Die USA näherten sich dem Zustand der Unregierbarkeit. Für die Radikalen war der Punkt gekommen, an dem Johnson seine Befugnisse überschritten hatte. Unter dem Vorwurf des Hochverrats wurde ein Amtsenthebungsverfahren, ein *impeachment*, eingeleitet. Es war das erste dieser Art in der amerikanischen Geschichte. Als Nachfolger war der radikale Republikaner Benjamin Wade vorgesehen, dessen Beliebtheit sich freilich wegen seiner inflationären Geldpolitik selbst in der eigenen Partei in engen Grenzen hielt. Das *impeachment* Johnsons scheiterte daraufhin mit der denkbar knappen Mehrheit von einer Stimme, die zur notwendigen Zweidrittelmehrheit im Senat fehlte. Kurz darauf erklärte Johnson, er werde mit allen Mittel gegen das anstehende

XV. *Amendment* opponieren, das den Schwarzen das Wahlrecht garantierte. Wohl wusste er diesmal neben den Demokraten auch die Frauenbewegung um die einstige Abolitionistin Elizabeth Cady Stanton hinter sich, die ausgesprochen verärgert darauf reagierte, dass Schwarze, nicht aber Frauen das Wahlrecht erhalten sollten. Aber sein Einspruch änderte nichts. Das *amendment* wurde 1870 der Verfassung hinzugefügt. Schließlich gewann der Republikaner Ulysses S. Grant 1868 die Präsidentschaftswahlen, ebenso wie seine Partei erneut die Mehrheit in beiden Häusern des Kongresses errang.

Damit schienen die Ausgangsbedingungen für die radikale Rekonstruktion des Südens besser als je zuvor. Der Kongress erließ einen *Military Reconstruction Act* und später ein Gesetz zur Bekämpfung des Ku Klux Klan, der ab den frühen 1870er Jahren allmählich an Bedeutung einbüßte. Außerdem konnten jetzt endlich jene Maßnahmen umgesetzt werden, die man schon vorher beschlossen hatte, die dann aber von Johnson blockiert oder behindert worden waren. Zehn der Südstaaten waren bereits unter Militärverwaltung gestellt worden. Das bedeutete, dass auch ihre Senatoren und Repräsentanten aus Washington, meist Sezessionisten des Jahres 1861, aus dem Kongress geworfen wurden, sehr zur Erleichterung der Radikalen. Die Staaten bekamen Auflagen, unter denen sie sich wieder zur Aufnahme in die Union bewerben konnten. Vor allem mussten sie das XIV. *Amendment* vorbehaltlos anerkennen und ihre Verfassungen im Sinne der Radikalen liberalisieren. Mit dem XV. *Amendment* und der ab 1869 intensiveren Militärpräsenz im Süden konnte dann das Wahlrecht der Schwarzen flächendeckend durchgesetzt werden, was in den meisten Südstaaten zu republikanischen Regierungen führte, an denen schwarze Politiker einen erheblichen Anteil hatten. Auf einzelstaatlicher wie nationaler Ebene fanden sich nun schwarze Abgeordnete und Senatoren, ein Zustand, der bis in die 1880er Jahre hin anhielt und erst wieder ab den 1970er Jahren in diesem Ausmaß erreicht wurde. Über diese Staatenregierungen mit schwarzer Beteiligung ist seitdem im Süden viel diskutiert worden. Lange hat man ihnen den Vorwurf der Korruption, der Unfähigkeit und der Parteilichkeit gemacht. Die neuere Forschung hat indessen nachgewiesen, dass sie in keiner Weise schlechter, zum Teil sogar effizienter waren als die korrupten, unfähigen und parteilichen Regierungen, die der Süden vorher und nachher erlebte. Mitte der 1870er Jahre sahen sich die Demokraten gezwungen, eigene schwarze Politiker in ihre Reihen zu integrieren, was jedoch nur mit mäßigem Erfolg geschah. Dennoch sollte nicht übersehen werden, dass seit etwa 1872/73 den Republikanern die schwarze Basis im Süden wegbröckelte. Zum einen waren sie nicht willens und in der Lage, die ökonomischen Bedürfnisse der Schwarzen zu befriedigen, da sie sich trotz aller Dominanz scheuten, eine Bodenreform einzuleiten. Zum anderen verhieß die Koalition mit moderaten Demokraten den Schwarzen im Süden zeitweilig mehr Aufstiegschancen und größere Sicherheit. Die politischen Verhältnisse waren im Süden der 1870er und frühen 1880er Jahre fluider als jemals zuvor.

Aber auch auf nationaler Ebene verlor die radikale Rekonstruktion rasch den Schwung der Anfangsjahre zwischen 1867 und 1872. Ein Gutteil der Verantwortung dafür lastete auf den Schultern des neuen Präsidenten Ulysses S. Grant und seiner zur Korruption neigenden Administration. Wichtiger aber war der neuerlich einsetzende Strukturwandel in den USA. Im Nordosten der USA stieg der Anteil urbaner Bevölkerung in den 1870er Jahren erstmals auf über 50 Prozent, die Industrialisierung machte rasche Fortschritte, was weitere Massenmigration zur Folge hatte. Mit der steigenden Industrieproduktion stellte sich auch die Frage der finanziellen Liquidität ganz neu. Die Debatte über Gold- und Silberwährung, Papiergeld, Inflation und harten Dollar nahm immer mehr Aufmerksamkeit in Anspruch, vor allem als die USA wie das eben erst entstandene Deutsche Reich 1873 in die weltweite Rezession glitten, aus der sie, von kurzen Boomzyklen abgesehen, bis 1897 nicht mehr herauskamen. Dies waren sämtlich Probleme des Nordens und Mittelwestens, von denen der Süden aufgrund seiner dominant agrarischen Struktur weitgehend unberührt blieb. In der Folge ließ das mediale Interesse am Süden, trotz der weiteren kommunikativen Verdichtung etwa durch die Massenpresse eines William Randolph Hearst, deutlich nach. Selbst innerhalb der Republikanischen Partei rückte die gesamte Problematik der Südstaaten in den Hintergrund. Frühere Abolitionisten wie Horace Greeley, dessen *New York Tribune* in den 1850er Jahren an der Speerspitze der Bewegung gestanden hatte, wandten sich von der Partei ab und wurden konservativer. Zeitweilig, ab 1872, spalteten sich die Republikaner. All dies stärkte die Demokratische Partei.

Der heftigste Widerstand gegen die Nationalisierungspolitik der radikalen Republikaner kam gleichwohl von ganz anderer Seite. Das Oberste Bundesgericht, an dessen Spitze von 1864 bis 1873 der ausgewiesene Abolitionist Salmon P. Chase stand, dem mit Morrison R. Waite bis 1888 ebenfalls ein abolitionistischer Whig und Republikaner folgte, zeigte sich mit der Entwicklung der exekutiven Machtbefugnisse auf Bundesebene in höchstem Maße unzufrieden. Zur Überraschung vieler war der republikanisch dominierte *Supreme Court* keineswegs so linientreu wie die Kongressabgeordneten. Bereits 1866 hatte Chase Lincolns Stil der imperialen Bürgerkriegspräsidentschaft in dem Urteil *Ex parte Milligan* einen ersten Dämpfer erteilt, indem die Militärgerichtsbarkeit über Zivilisten hinter der Front und die Einschränkung der *habeas corpus*-Akte als verfassungswidrig eingestuft wurden. Im selben Jahr wurde ein parteipolitisches Anliegen der Radikalen verworfen, die *iron clad oathes*. Die Radikalen hatten versucht, in den Staaten des Mittelwestens, in denen sich, wie in Missouri, viele Anhänger des Südens befanden, für alle, auch nichtstaatliche Amtsträger einen Amtseid einzuführen, in dem sie schwören mussten, nicht einmal in Gedanken mit der Konföderation sympathisiert zu haben. Dies hätte mit einem Schlag fast sämtliche demokratischen Amtsträger für Jahrzehnte eliminiert. Da auch Pfarrer und katholische Priester von dem Eid betroffen waren, was gegen Wort und Sinn des I. *Amendment* verstieß, klagte der kurzfristig wegen Eidverweigerung inhaftierte katholische Priester John Cummings. In dem Urteil *Cummings vs. Missouri* bekam er recht. Von da an allerdings verfestigte sich die Position des Gerichts in der Frage der Interpretation der drei neuen Verfassungszusätze der Rekonstruktionsepoche. Obwohl das XIV. und XV. *Amendment* der nationalen Regierung ausdrücklich die Regelungsbefugnis über Menschenrechts- und

Staatsbürgerrechtsfragen zubilligten, lehnte das Gericht eine allzu weite Auslegung dieser Passagen in mehreren Urteilen seit 1873 konsequent ab (*Slaughterhouse Cases* 1873, *Civil Rights Cases* 1883). Dadurch verloren die Verfassungszusätze und Bürgerrechtsgesetze ihre legale Durchschlagskraft. Der nationale Charakter der USA wurde wieder zugunsten des Unionsgedankens relativiert. Damit blieb der Oberste Gerichtshof seiner Linie treu. Selbst der nationalistische John Marshall hatte in *Barron vs. Baltimore* (1833) die Gültigkeit der Menschenrechtsdeklaration in den ersten zehn Zusätzen der Bundesverfassung ausdrücklich auf die Unionsebene beschränkt und damit die Einzelstaatenrechte enorm gestärkt.

Die Verbindung von wachsender Interesselosigkeit im Norden und bei den moderaten und konservativen Republikanern, der rapide Machtverfall der Radikalen ab 1872 und der konservative Schwenk des *Supreme Court* beraubten die republikanischen Regierungen im Süden ihrer wichtigsten Stützen. Umgekehrt wandten die Demokraten nun eine Politik an, die kleine und kurzfristige Zugeständnisse an schwarze Eliten mit weiterer Gewalt seitens des Klans verknüpfte. In diesem Klima gedieh die Idee der *redemption*. Zwischen 1872 und 1877 fiel ein Staat nach dem anderen an die Demokraten zurück. Die Folge war jeweils absehbar: Das Wahlrecht für Schwarze wurde schrittweise eingeschränkt. Es wurden Lesetests für Wähler oder spezielle Steuern eingeführt, um den Schwarzen das Wählen zu verleiden. Wo nichts mehr half, wandte man unverhüllt wieder Gewalt an, da parallel zur *redemption* das Militär abgezogen wurde. Danach folgten die *Jim Crow Laws*, jene bis in die 1960er Jahre gültigen Gesetze zur Segregation, zur Rassentrennung, in denen etwa bestimmt wurde, dass Weiße und Schwarze nicht im gleichen Restaurant essen oder vom gleichen Wasserhahn trinken durften. Selbstverständlich wurden Schwimmbäder und Badestrände segregiert, aber auch Eisenbahnwaggons, Schulen und Universitäten. Den Schwarzen wurde eher inoffiziell, aber umso strikter vorgeschrieben, wie sie sich weißen Männern und Frauen gegenüber zu verhalten hatten. Der Zwang zu devoten Umgangsformen sollte jeden

Anflug von schwarzem Widerstand und das Aufkommen einer selbstbewussten schwarzen Männlichkeit verhindern. Diese kulturellen Codes waren fast noch wichtiger als die gesetzlichen Bestimmungen. Wer, gleichgültig ob bewusst oder unbewusst, gegen sie verstieß, konnte jederzeit gelyncht werden. Auch auf dieser Ebene blieb der Süden strukturell gewalttätig. Manch einem jungen schwarzen Mann wurde ein falsch gedeuteter Blick auf eine weiße Frau oder ein Pfiff zum Verhängnis, manchmal reichte der bloße Verdacht einer Zuwiderhandlung. Zwischen 1880 und 1920 wurden über 3200 schwarze Männer im amerikanischen Süden rituell gelyncht, oft nach Vorankündigung in Zeitungen und auf Plakaten sowie verbunden mit dem kommerziellen Verkauf von Eintrittskarten und Körperteilen des getöteten Schwarzen. Kein Täter wurde je verurteilt.

Mit der Wahl von 1876 und dem anschließenden Kompromiss von 1877 wurde dann die Rekonstruktion auf nationaler Ebene offiziell beendet. Zu diesem Zeitpunkt waren nur noch drei Staaten im Süden – South Carolina, Florida und Louisiana – nicht unter konservativ-demokratischer Herrschaft. Die Republikaner, besonders die Radikalen, hatten sich durch ihre ökonomische Politik mitten in der Weltwirtschaftskrise ihrer einstigen Popularität beraubt. Demgegenüber befanden sich die Demokraten im Süden sowie unter den Arbeitern des Nordens wieder im Aufwind. Das Wahlergebnis reflektierte die nationale Stimmung. Der demokratische Kandidat Samuel Tilden errang nicht nur sämtliche ehemaligen Sklavenstaaten mit Ausnahme der drei, die noch nicht im konservativen Sinn «erlöst» waren, aber ebenso West Virginia, eine republikanische Hochburg, Indiana, New Jersey, New York und Massachusetts, die beiden letztgenannten Staaten wohl primär wegen der Unterstützung durch irische und deutsche Katholiken aus der Unterklasse. Insgesamt stimmten 51 Prozent der Wahlberechtigten für Tilden, aber nur 48 Prozent für seinen republikanischen Opponenten Rutherford B. Hayes. Im Wahlmännerkollegium sah das Ergebnis aber anders aus, genauer gesagt, es gab dort kein reguläres Endergebnis, da beide Parteien die Ergebnisse aus Louisiana, Florida, South Carolina und Oregon anfochten. In den drei Südstaaten war wirklich Wahlbetrug auf beiden Seiten vorgekommen, keine Seltenheit in jenen Tagen. Zwar wurde bis 1892 mehrheitlich nicht geheim, sondern offen abgestimmt, aber die Wahlausschüsse, die dann die Stimmen zählen sollten, standen in aller Regel unter der Kontrolle korrupter Parteimaschinen. Zudem fehlte mitunter ein ordentliches Wahlregister, sodass manche mehrfach abstimmten. Es dauerte einige Wochen, ehe sich die beiden Parteien auf ein Wahlergebnis einigten. Hayes bekam 185, Tilden 184 Wahlmänner zugesprochen. Im Gegenzug für die Akzeptanz des republikanischen Wahlsiegs wurden sämtliche noch im Süden verbliebenen Bundestruppen abgezogen. Binnen weniger Tage erhielten auch die drei verbliebenen republikanischen Staaten des Südens demokratische Regierungen. Kaum zehn Jahre später gab es im Süden keine schwarzen Abgeordneten mehr, in vielen Staaten hatte die Republikanische Partei aufgehört zu existieren. Der Süden mutierte zum «soliden Süden», das heißt zu einer Region, die bis in die 1960er Jahre in nationalen Wahlen nahezu immer geschlossen auf der Seite der Demokraten stand. Erst die Wende der Demokraten zur schwarzen Bürgerrechtsbewegung ausgerechnet unter dem Texaner Lyndon B. Johnson sprengte die Koalition konservativer, weißer Südstaatler mit mehrheitlich katholischen Arbeitern aus dem Norden endgültig, nachdem es schon 1948 zu ersten Spannungen gekommen war. Danach wandten sich die *lily whites*, die lilienweißen Rassisten aus dem Süden, den Republikanern zu, der Partei Abraham Lincolns, die nun für konservative Werthaltungen stand.

Mit dem Kompromiss von 1877 endeten gewiss nicht sämtliche Versuche der wenigen Radikalen, die noch übriggeblieben waren, die Verhältnisse im Süden in ihrem Sinn zu ändern. Noch 1890 nahm man mit der *Lodge Election Bill* einen Anlauf, die verfassungswidrigen Praktiken des Wahlausschlusses von Schwarzen zu verbieten, scheiterte aber. Dafür war zum einen die restriktive Rechtsprechung des *Supreme Court* verantwortlich, die der Bundesexekutive in Bürgerrechtsfragen keine Einflussmöglichkeiten auf Einzelstaatenebene mehr gewährte. Zum anderen zeigte es sich, dass man in der Republikanischen Partei unter den Auspizien einer strikt marktorientierten ökonomischen Doktrin in erster Linie am Prinzip der absoluten Vertragsfreiheit und des Schutzes kapitalistischer Eigentumsinteressen interessiert war. Die Lage im Süden rückte stets nur dann in den Blick, wenn die Kapitalinteressen des Nordens unmittelbar berührt waren. Der einstige philanthropische Idealismus vieler Republikaner war geschwunden und fand sich bestenfalls in einigen gesellschaftlichen Reformbewegungen, die ab etwa 1890 unter der Bezeichnung des Progressivismus von sich reden machten. Ansonsten begnügte man sich im Norden damit, die nun fest etablierte rassistische Gesellschaftsordnung zu akzeptieren. In vielen Fällen ging man sogar noch weiter und übernahm den Rassismus des Südens. Der deutsche Historiker Wolfgang Schivelbusch hat einmal mit Blick auf dieses Phänomen davon gesprochen, dass es Besiegten nach einem Krieg nicht selten gelingt, den Siegern etwas von ihrer Kultur überzustülpen. Exakt dies geschah in den USA. Der amerikanische Historiker David Blight hat in diesem Zusammenhang den Begriff des rekonziliatorischen Rassismus geprägt. Demnach hätte der Norden, nicht zuletzt aufgrund längst vorhandener rassistischer Tendenzen, die Rassenvorstellungen des Südens weitgehend internalisiert, um auf diese Weise den weißen Südstaatlern bewusst oder unbewusst die Rückkehr in die Union zu erleichtern. Wohl übernahm man im Norden die *Jim Crow Laws* ebenso wenig wie die Praxis des rituellen *lynching*, dennoch waren Schwarze hier genauso Bürger zweiter Klasse wie im Süden. Und erneut war es das Oberste Bundesgericht, das diesem Zustand die verfassungsrechtliche Weihe verlieh. In dem Urteil *Plessy vs. Ferguson* von 1896 befand der weiterhin republikanisch dominierte *Supreme Court* mit 8:1 Stimmen, dass es der Verfassung nicht widerspreche, wenn Schwarze in getrennte Schulen gehen müssten oder in separaten Eisenbahnabteilen Platz nehmen mussten. *Separate, but equal* lautete der Tenor des Urteils, dem nur ein Richter, John Marshall Harlan, ein früherer Sklavenhalter aus Kentucky, energisch widersprach. Obwohl keine der schwarzen Institutionen im Süden denjenigen der Weißen qualitativ auch nur annähernd entsprachen, legte *Plessy vs. Ferguson* bis 1954 den legalen Grundstein für die Praxis der Segregation im Süden der USA.

Das Werden der wiedervereinigten amerikanischen Nation nach dem *War between the States* vollzog sich auf Kosten der schwarzen Minderheit. Das Projekt der Emanzipation der Sklaven war, abgesehen von ihrer formalen Befreiung aus den Banden der Sklaverei, erst einmal gescheitert.

Dies bedeutete freilich nicht, dass die Schwarzen zu rein passiven Objekten weißer Willkürherrschaft geworden wären. Die segregierten Institutionen konnten durchaus zur Grundlage von Stolz und Selbstwertgefühl werden. Mochten die schwarzen Schulen häufig nur brüchige, zugige Holzhütten ohne Heizung sein, die Lehrer bemühten sich redlich, den Kindern so viel Bildung wie möglich, vor allem aber ein Bewusstsein von Gemeinschaft zu vermitteln. Am wichtigsten war jedoch die *black church*. Man kann guten Gewissens sagen, dass es keine Bürgerrechtsbewegung im 20. Jahrhundert gegeben hätte, wenn nicht die Pastoren der *black church* gewesen wären. Sie stellten die gebildete Funktionselite und Mittelklasse der Schwarzen im Süden und sie verfügten über eine brauchbare, handlungsfähige Organisation. Obwohl die schwarze Bürgerrechtsbewegung im Süden christlich-integrationistisch war und nicht, wie in den Städten des Nordens, einem säkularen, segregationistischen Ansatz von schwarzem Nationalismus huldigte, traten viele ihrer Anhänger immer für segregierte Kirchen ein. Selbst in der katholischen Kirche, deren Bischöfe aus kirchenrechtlichen und dogmatischen Erwägungen heraus die Rassensegregation in ihren Kirchengemeinden ablehnten, setzten die wenigen schwarzen Katholiken, die der Kirche nach 1865 noch verblieben waren, ab 1875 die Rassentrennung in den Gemeinden durch. Über die Institutionen hinaus war vor allem die eigene Kultur Grundlage schwarzen Stolzes im Süden. Gerade im Bereich der Musik, es sei nur die Entstehung des Jazz in New Orleans erwähnt, zeigten schwarze Künstler einem weißen Publikum, wozu sie kulturell in der Lage waren.

Das änderte gleichwohl nichts am grundlegenden Befund. Ab 1877 hatten sich die konservativen und rassistischen Demokraten im Süden auf breiter Front wieder durchgesetzt und ein Regime installiert, das durch die Abhängigkeiten des *sharecrop-*

ping gerade im ökonomischen Bereich verdächtig an die Sklaverei erinnerte. Die Mehrheit der schwarzen Landarbeiter war nun auf Gedeih und Verderb an weiße Großgrundbesitzer gebunden, die nur noch in den Kategorien der Profitmaximierung dachten. Die Schwarzen verfügten kaum über Geld, da sie oft in Naturalien oder Gutscheinen für Warenhäuser der Großgrundbesitzer entlohnt wurden.

Allerdings war der Sieg der Demokraten ein Pyrrhussieg, mehr noch, eine Niederlage. Der solide Süden der Demokratischen Partei bezahlte seine faktische, wenngleich partielle Rückkehr zu den Zuständen vor 1860 mit einem hohen Preis. Wirtschaftliche Stagnation, politische Korruption, gesellschaftliche Gewaltexzesse, Rassentrennung und industrielle Rückständigkeit sorgten dafür, dass die Gebiete der einstigen Konföderation um 1900 und bis weit in die 1970er Jahre hinein zum Armenhaus der USA mutierten. Die Armutsquote lag dort regelmäßig selbst unter Weißen bei 30 Prozent. Der Süden war ab 1880 zu einer Binnenkolonie der expandierenden, hochimperialistischen, weltweit führenden Industrienation USA geworden. Man lieferte natürliche Ressourcen und Arbeitskräfte, war aber praktisch nicht an den damit produzierten Gewinnen beteiligt. Wie auf der Ebene der liberal-humanitären Reformen blieb die Durchsetzung des Kapitalismus im besiegten Süden vorerst Stückwerk. Dies hatte dann auch Auswirkungen auf den Prozess der Durchsetzung des nationalstaatlichen Paradigmas, der noch über Jahrzehnte stecken blieb. Von einer zweiten, bürgerlichen Revolution im Süden, wie manche marxistische Autoren sie behauptet haben, kann man daher kaum sprechen. Einzig auf dem Gebiet der nationalen Politik waren die Demokraten aus dem Süden wirklich aktiv und sogar überrepräsentiert, da ihre Wiederwahl angesichts fehlender Alternativen sicher war. Infolge des Anciennitätsprinzips im Kongress, wonach der am längsten amtierende Senator oder Repräsentant in einem Ausschuss dessen Vorsitz innehatte und damit auch über die Tagesordnung befand, sicherten sich die Südstaatendemokraten über fast ein Jahrhundert in Washington einflussreiche Positionen, um das System des weißen Südens dauerhaft zu stabilisieren.

V. Am Ende des Tages: Die Bürgerkriegserinnerung als Mythos

Erinnerung ist, dies haben neurologische und kulturhistorische Erinnerungsforschungen hinreichend dargelegt, eine aktive, vergegenwärtigende und deutende, aber auch vergessende und verdrängende Repräsentation eines Geschehens. Dies gilt für Individuen und Kollektive gleichermaßen. Nur so kann Erinnerung zum Mythos werden, das heißt zur sinnstiftenden Erzählung oder zum Ritual, welche die Identität sozialer Kollektive maßgeblich mitbilden. Mythos ist hier in keiner Weise als Gegenbegriff zum rationalen Logos gedacht, sondern als notwendiges Element in der Selbstsicht von Individuen und Kollektiven. Die Frage ist nicht, ob es mythische Erinnerung gibt, sondern wie sie strukturiert und konstruiert ist, was erinnert wird und welche Funktion dieser Erinnerung sozial und kulturell zukommt.

Besonders wirkmächtig war die Konstruktion mythischer Erinnerung im weißen Süden. Dies hing einerseits mit der kohärenteren Sozialstruktur der Erinnerungsträger dort zusammen, da die parteipolitische Rivalität, die im Norden formgebend war, hier fehlte. Eine Ausnahme von der Regel bildete die Erinnerung republikanischer Kleinbauern in den Appalachees, eine andere diejenigen der Schwarzen. Das kollektive Gedächtnis dieser Gruppe ist lange vernachlässigt worden, dabei gedachten sie verständlicherweise des Krieges und seiner Folgen ganz anders, als dies in der dominanten weißen Kultur geschah. Bei ihnen stand das einschneidende Erlebnis der Befreiung und der Flucht im Vordergrund. Vielfach wurden diese Vorgänge dann in ein religiöses Narrativ eingebettet, das von Anleihen an das Exoduserlebnis des Volkes Israel unter der Führung Gottes und seines Propheten Moses zehrte. Die Rolle von Moses, wahlweise auch des Messias Jesus von Nazareth, fiel meist Abraham Lincoln zu, der sich ansonsten im Süden erst einmal keiner sonderlichen Gunst erfreuen durfte. Auch die Gewalt des Ku Klux Klan kam in diesen Erzählungen vor, wurde aber mit der Hoffnung auf eine bessere Welt im Jenseits und im Diesseits zusammengebracht. Immer wieder kamen, vor allem nach den 1880er Jahren, konkrete Exodusvisionen auf. Einzelne Prediger zogen durch das Land und forderten die Schwarzen auf, nach Norden zu ziehen, um sich der alltäglichen Gewalt und Unterdrückung zu entledigen. Sie stießen nur auf geringe Resonanz. Erst im Zusammenhang mit den industriellen Verschiebungen im Rahmen des Ersten Weltkrieges kam es ab 1916 zur großen Nordmigration von schwarzen Landarbeitern in die urbanen Industriezentren des Nordens. Ihre Erinnerungen an die Sklavenzeit, die Emanzipation und die nachfolgende erneute Unterdrückung nahmen sie mit und verarbeiteten sie, beispielsweise künstlerisch in der New Yorker *Harlem Renaissance*, die allerdings auch von den ganz anders gearteten Erfahrungen und Erinnerungen von Schwarzen aus der Karibik zehrte.

Die kollektive Erinnerung der weißen Südstaatler sah demgegenüber ganz anders aus. Gerade in der Frühzeit, bis weit in die 1880er Jahre hinein, war sie von Trauer, Schock und Trotz bestimmt. Hier wurde die Idee des *lost cause*, der verlorenen Sache, in den Mittelpunkt gestellt. Der Begriff des *cause* war als Projektionsfläche geradezu ideal, weil er vollkommen leer war und mit allem gefüllt werden konnte, dessen man jeweils bedurfte. Für die «Sache» waren die Helden des *War between the States*, des *War of Southern Independence* oder des *War of Northern Aggression*, wie der Bürgerkrieg im Süden je nach politischem Standort bezeichnet wurde, gestorben, für sie hatten sie gelitten und gekämpft. Tapfer waren sie lediglich einer drückend überlegenen Streitmacht gewichen und hatten sich dabei als wahre Männer und aristokratische Kavaliere erwiesen. Immerhin wurde den Nordstaatlern zugestanden, dass auch sie ordentlich gekämpft hätten, denn dies erhöhte im Umkehrschluss den Stellenwert des eigenen Mutes. Zum *lost cause* zählte allerdings ebenfalls eine Reinterpretation der Vorgeschichte des Krieges und der Antebellumära. Der Krieg, so das neue Narrativ, sei keinesfalls um der Sklaverei, sondern einzig um der Freiheit der Einzelstaaten willen geführt worden. Allein die Abolitionistenfanatiker hätten den Krieg ausgelöst, weil sie die Freiheit und Ehre des Südens beschmutzt und attackiert hätten. An dieser Stelle zeigte sich die Selektivität der Erinnerung, da sich die Gründe für die Sezession 1860/61 noch ganz anders angehört hatten. Auf der funktionalen Ebene bot diese Interpretation allerdings den Vorteil, im Norden bis zu einem gewissen Grade Anknüpfungspunkte zu haben, da viele Nordstaatendemokraten diese Position teilten. Sie erleichterte potenziell die Wiedereingliederung in die Union, solange die Einzelstaatenrechte gewährleistet wurden – die nun mit der weißen Vorherrschaft gekoppelt waren. Der Krieg war demnach nicht um ein moralisches Absolutum, sondern wegen eines lösbaren, beinahe marginalen verfassungsrechtlichen Konflikts geführt worden. Das Problem Union oder Nation wurde dabei gar nicht erst thematisiert. Diese Sicht der Dinge sollte sich als ausgesprochen folgenreich erweisen. Zu diesem Konzept gehörte eine rigorose Umdeutung der Plantagenwirtschaft und der Sklaverei der Antebellumzeit. Der «Mondschein und Magnolien»-Mythos mit seinen stereotypisierten Rollenmustern und klischeehaften Bildern schloss an die Selbstsicht des Südens vor dem großen Krieg an. Junge, elegante Kavaliere mit ihren berückend schönen Begleiterinnen beim Zirpen der Grillen, Mint Julep trinkend in einer Mondscheinnacht unter dem hellen Vollmondhimmel *Old Dixies*; die Männer aristokratischer, die Frauen schöner als jemals in der Realität, all dies wurde das Markenzeichen des imaginierten Alten Südens. Dazu gehörten loyale, oft etwas debil lächelnde, kindlich-verspielte, glücklich singende Negersklaven, die sich im Hintergrund aufhielten. Es ist leicht, sich über diese sehnsuchtsvollen Fantasien lustig zu machen, aber man darf das soziale *setting*, das Szenario der totalen Niederlage und Frustration nicht vergessen, in deren Kontext sie sich formten und ihre Funktion hatten. Indem man die Härten und Grausamkeiten der Vorkriegszeit ausblendete, konnte man besser mit den erschwerten Lebensbedingungen der Nachkriegsära umgehen. Zu den wichtigsten institutionellen Trägern des *lost cause*-Konzepts gehörten die konföderierten Veteranenverbände, die *United Confederate Veterans* (UCV) und die *United Daughters of the Confederacy* (UDC). Letztere waren Frauen aus der Mittelklasse und der Großgrundbesitzerkaste, die an der Ausbildung des postkonföderierten Selbstbewusstseins ganz entscheidend beteiligt waren. In Louisiana zum Beispiel kontrollierten sie den *mardi gras*, den Fasching von New Orleans, wo nach 1870 über Jahrzehnte hinweg vor allem Frauen aus führenden konföderierten Familien wichtige Funktionen, wie die der *Queen of the Bogus*, innehatten. Die Namen Beauregard, Davis, Stephens oder Lee bürgten im gesamten Süden für Reputation und Respektabilität. Die bedeutende Funktion von Frauen verweist aber auf einen weiteren inhaltlichen Aspekt des *lost cause*. Der Mythos lebte von den ihm inhärenten Geschlechtervorstellungen. Der Schutz weißer Frauen hatte demnach die Antebellumordnung ebenso begründet, wie er nun die aktuelle Rassensegregation begründete. Mehr noch, der Süden als Ganzes konnte als besiegte und deshalb schutzbedürftige Frau repräsentiert werden, womit stets der Appell an nordstaatliche ökonomische oder politische Hilfestellung bei der Durchsetzung der segregierten Gesellschaft verbunden war.

Die Idee des *lost cause* hatte einen starken agrarisch-ländlichen und vergangenheitsorientierten Bezugsrahmen. Der Süden wurde als rural und plantagenwirtschaftlich konstruiert, was ja durchaus den Realitäten entsprach. Allerdings, so kohärent Inhalte und soziale Träger des Konzepts auch waren, so starr und wenig flexibel war es auch. Auf Dauer war das für jene Südstaatler, deren soziokulturelle Bezugspunkte und Referenzsystem nicht in der Vorkriegszeit lagen, schwer erträglich. Für jüngere, bürgerliche Geschäftsleute aus den wenigen Städten, aus Birmingham, Atlanta, Mobile oder Savannah – weniger aus dem strukturkonservativen Milieu von New Orleans mit seinen alle Fortschrittsideologie erstickenden kreolischen und angelsächsischen Familienklans –, musste der *lost cause* als eine Art rückwärtsgewandtes Dauerjammern erscheinen, dem jedwede Dynamik abging. Sie propagierten darum seit den 1880er Jahren ein ganz anders geartetes Konzept, den *New South*, einen Süden der Rassenharmonie, der nationalen Versöhnung, der

Urbanität und des technisch-industriellen Fortschritts. Der Erfinder dieses Konzepts war der Herausgeber der einflussreichen Zeitung *Atlanta Constitution*, Henry W. Grady. Popularisiert wurde es dann von dem Historiker Paul Gaston und vor allem von den lokalen Handelskammern im Süden, die bald zu Zentren einer liberal-bürgerlichen Perspektive auf die Zukunft des Südens wurden. Allerdings wurden ihre Visionen erst unter den Bedingungen militärkeynesianischer Entwicklungspolitik im Zuge von Zweitem Weltkrieg und Kaltem Krieg langsam Realität, als sich dank massiver Investitionen der Bundesregierung Hochtechnologiebetriebe etwa aus der Rüstungsbranche ansiedelten. Die Idee des *New South*, die Grady kaum zufällig in Anwesenheit von Großinvestoren wie John P. Morgan in New York entwarf, belegt indes, wie eng nationale Versöhnung und eine bürgerlich-kapitalistische, liberale Perspektive im späten 19. Jahrhundert weltanschaulich verwoben sein konnten. Bis zu einem gewissen Grade bedeutet die Akzeptanz des *New South* aber eine noch selektivere Erinnerungspolitik als der *lost cause*-Gedanke, mehr noch: Der *New South* meinte im Extremfall den gänzlichen Verzicht auf Erinnerung und einen bewussten, völligen Neuanfang. Das aber war für eine Mehrheit der Südstaatler zu keinem Zeitpunkt akzeptabel.

Die Erinnerungen im Norden waren weniger homogen und eher entlang von Parteilinien und ethnisch-konfessionellen sowie Klasseninteressen konstruiert. Aber sie griffen ebenso wie der *lost cause* auf das Stereotypenarsenal der Vorkriegs- und Kriegszeit zurück. Katholische Demokraten etwa erinnerten bevorzugt ihre aufopfernde Loyalität und Tapferkeit im Kampf um die Einheit der Union und stellten ansonsten das erfahrene Leid in den Vordergrund. Dies wurde von ihnen und anderen Demokraten stets mit einer Kritik an der angeblichen und immer noch anhaltenden Intransigenz der radikalen Republikaner verbunden. Mit der nationalen und kapitalistischen Semantik der Republikaner konnten sie weiterhin wenig anfangen und forderten eher eine Rekonstruktion der alten Union mitsamt der alten Verfassung, nur ohne die Sklaverei, die bei ihnen kaum vorkam. Ganz anders verlief hingegen das Gedenken bei den

Republikanern. Sie hatten allerdings auch den Vorteil, neben den weiterhin tätigen *Union Leagues* über eine weitere, als überparteilich getarnte Vorfeldorganisation zu verfügen, die sich, neben der Frage der Veteranenpensionen, ganz und gar dem Bürgerkriegsgedenken verschrieben hatte: die *Grand Army of the Republic* (GAR). Die GAR war wie die UCV eine äußerst aktive und für das Kriegsgedenken paradigmatische Veteranenorganisation. In *Camp Fire Meetings*, bei denen Veteranen von ihren Erlebnissen berichteten, hielt sie die Erinnerung an den Kampf lebendig, ohne ihn voreilig zu glorifizieren. Kritische Töne waren keine Seltenheit. Anders als bei den übrigen Veteranengruppen durften schwarze Unionssoldaten Mitglied der GAR werden, weswegen in ihrer Vergangenheitspolitik die Sklaverei und deren Abschaffung stark betont wurden. Gleichzeitig hielten die GAR-Mitglieder, im Gegensatz zu den konzilianteren demokratischen Veteranen, lange daran fest, den Süden härter zu bestrafen. Insgesamt waren sie spürbar von den Konzepten der radikalen Republikaner abhängig.

Dies änderte sich im Verlauf der 1880er Jahre, als sich die GAR schrittweise demokratischen Veteranen öffnete. Nun wurde ihre Erinnerungspolitik konziliatorischer und nationaler. Mit dem *Memorial Day* schuf sie einen Tag des Gedenkens an die gefallenen Soldaten beider Bürgerkriegsarmeen. Fast gleichzeitig startete sie, gemeinsam mit der Massenpresse, eine Kampagne zur nationalen Integration neuer Migranten, indem sie den Kult um die amerikanische Nationalfahne und den schulischen Fahneneid beförderte. Jetzt erst, in den 1880er und 1890er Jahren, wurde vor dem Hintergrund des Gedenkens an den Bürgerkrieg die Nation zum Thema. Jedes Posthaus, jede Schule, jedes Klassenzimmer, jede Kirche sollte künftig mit dem Sternenbanner geschmückt werden, jeder Schüler jeden Tag den Eid auf diese Fahne sprechen. Allerdings weigerten sich die Angehörigen der GAR lange, dem Süden allzu sehr entgegenzukommen. So sprachen sie sich noch Ende der 1890er Jahre dagegen aus, die eroberten konföderierten Fahnen an die Südstaaten zurückzugeben, und bis etwa 1905 hielten sie daran fest, auch bei feierlichen Anlässen im segregierten Süden gemeinsam mit schwarzen Veteranen aufzutreten. Doch dann wurde auch die GAR von dem Prozess nationaler Wiederversöhnung unter rassistischen Auspizien überrollt. Als sich im Jahr 1913 die Überlebenden der Schlacht von Gettysburg auf dem Schlachtfeld von einst trafen, um der Toten zu gedenken und sich im Geiste nationaler Aussöhnung über den Schützengräben die Hand zu reichen, standen sich Tausende von Veteranen in Blau und Grau gegenüber. Aber alle waren weiß. Die schwarzen Veteranen mussten ein paar Meilen entfernt, von der Presse unbeachtet, ihre eigene kleine Feier abhalten. Diesmal hatte die GAR nicht mehr gegen den Akt offener Benachteiligung der Kameraden von einst protestiert.

Die Entwicklung zur nationalen und rassistischen Rekonziliation hatte in den 1880er Jahren eingesetzt. Damals erinnerte man sich der Gesten wechselseitiger Anerkennung von Grant und Lee in Appomatox Court House. Zusätzlich sorgte die humanitäre Hilfe des Nordens während eines Cholera-Ausbruchs 1884/85 für eine Stimmung der Dankbarkeit im Süden. Selbst der «Poet der Konföderation», der katholische Priester Abram Ryan, verfasste eine Dankeshymne an den Norden, in der er die nationale Gemeinsamkeit von Erbe und Werthaltungen besang. Verstärkt wurden diese Emotionen im Umfeld des Krieges von 1898, als erstmals wieder, zumindest jenseits der Indianerkriege, Soldaten aus Nord und Süd für das gemeinsame Interesse der Nation ins Feld zogen. Dabei wurde selbst die Farbe der Uniformen, die jetzt braun und nicht mehr blau waren, als praktischer Ausdruck der nationalen Versöhnung gefeiert. Man beschwor die historischen Gemeinsamkeiten und reduzierte den Bürgerkrieg auf ein verfassungsrechtliches Missverständnis. Die Sklavenfrage und die Emanzipation wurden in der Folge aus der nationalen Erinnerung herausgeschrieben, während man umgekehrt die Tapferkeit, Opferbereitschaft und vor allem die Ehrenhaftigkeit der Soldaten beider Bürgerkriegsparteien herausstrich. Der Bürgerkrieg war weniger *lost cause* als vielmehr *noble cause* der weißen, angelsächsischen Blutsgemeinschaft, auf welcher die amerikanische Nation nach diesem Verständnis ruhte. Der *Memorial Day*, die Unionsfahne, aber auch die

Fahne der Konföderation wurden zu gemeinsamen Ritualen und Symbolen des neuen amerikanischen Nationalstaats. Und schließlich entwickelte sich Abraham Lincoln zu dessen zivilreligiösem Schutzpatron, der selbst im Süden – aller emanzipatorischen Inhalte entblößt – anerkannt und verehrt werden konnte. Die USA konnten sich auf diese Weise dem Neuen zuwenden, und tatsächlich wurde das Konzept des Neuen ausgerechnet in jenen Jahren um 1910 bis 1920 von der Werbeindustrie, aber auch von der Politik instrumentalisiert. Nicht der rückwärtsgewandte Blick, sondern die Wende zum Hochimperialismus, zur progressiv-liberalen Sozialreform, zu Massenproduktion und Massenkonsum wurde als vorbildlich propagiert. Die Geschichte verschwand demgegenüber hinter den Nebelschwaden süßlicher Stereotype, mythischer Konstrukte und kommerzieller Klischees.

Insbesondere die Populärkultur nahm sich dieser spezifisch rekonziliatorischen Mythen an. Im Jahre 1910 erschien Thomas Dixons einflussreiches Buch *The Clansman*, das den in den 1870er Jahren untergegangenen Ku Klux Klan geradezu hemmungslos romantisierte und idealisierte. Der Regisseur D. W. Griffith machte daraus 1915 den ersten abendfüllenden, über dreistündigen Spielfilm der amerikanischen Kinogeschichte, einen Kassenschlager, von dem der aus den Südstaaten stammende liberal-reformistische Präsident Woodrow Wilson, von Beruf Historiker, bekundete, er gebe die Wirklichkeit genau so wieder, wie sie war. Buch und Film suggerierten dem Zuschauer exakt das Selbstbild des Südens. Demnach war die Rekonstruktion von vornherein ein von den Radikalen zu verantwortender Fehlschlag, Schwarze seien von Natur aus zu politischem Handeln unfähig, dafür aber von einer ungezügelten Sexualität besessen, und der Klan erschien als eine ritterliche Organisation zum Schutz der Ehre des Südens und seiner Frauen. Der Film trug maßgeblich dazu bei, dass der Ku Klux Klan 1915 wiedergegründet wurde, diesmal als hochkonservativ-viktorianische und bürgerliche Organisation, die weit über den Süden hinausstrahlte und etwa in Indiana und Illinois über Hochburgen verfügte. Der neue Klan war weniger gewalttätig als seine terroristische Vorgängerorganisation, zentralistischer und – als Franchiseunternehmen – kapitalistischer, aber weiterhin rassistisch, nationalistisch, antikatholisch, fremdenfeindlich und antisemitisch eingestellt. Um 1924 verfügte er über schätzungsweise zwei bis acht Millionen Mitglieder, gleichermaßen Republikaner wie Demokraten.

Die von Dixon und Griffith reproduzierten Stereotype entfalteten eine große Wirkung. Obwohl moderater im Ton und ein wenig differenzierter, griff zum Beispiel Margaret Mitchell in ihrem Weltbestseller *Gone with the Wind* von 1936 ebenso darauf zurück wie der gleichnamige Film von 1939, der den deutschen Propagandaminister Joseph Goebbels dermaßen beeindruckte, dass er noch 1945 mit *Kolberg* ein vergleichbares Werk produzieren ließ. Und selbst die TV-Serie *North and South* aus den 1980er Jahren basierte auf diesen Vorgaben, obwohl sie einen nordstaatlichen Handlungsstrang mit teilweise positiv gezeichneten Abolitionisten einbaute. Das vom Süden und seiner Erinnerungskultur beherrschte rekonziliatorische Bild des Bürgerkriegs blieb lange dominant, wofür nicht nur die Populärkultur die Verantwortung trug. Auch in den Schulen, deren nationalintegrativer Auftrag – vor allem im Geschichtsunterricht –, Patriotismus zu generieren, zum Teil bis in die Gegenwart hinein vorherrschend geblieben ist, wurde lebhaft daran gearbeitet, den Bürgerkrieg als eine Art Betriebsunfall der amerikanischen Erfolgsgeschichte darzustellen. Dies beinhaltete einerseits eine Relativierung der Sklavenfrage, andererseits aber eine mythische Darstellung Abraham Lincolns und des alten Südens. Selbst in der universitären Wissenschaft herrschte bis in die 1950er Jahre hinein unter dem Einfluss der Werke von Alexander Stephens, Ulrich B. Phillips und der konservativruralistischen *Nashville Agrarians* diese Sicht der Dinge vor.

Dabei war die rekonziliatorische Perspektive zu keiner Zeit unangefochten. Bereits die 1909 gegründete, von schwarzen Aktivisten und liberal-progressivistischen weißen Reformern gleichzeitig getragene *National Association for the Advancement of Colored People* (NAACP), gewissermaßen die Mutterorganisation der schwarzen Bürgerrechtsbewegung, hatte sich von Beginn an gegen die Autorität eines Woodrow Wilson gestemmt, als sie 1915 darauf hinwies, dass das von *A Birth of a Nation* gezeichnete Bild des Südens, der Rekonstruktion und des Bürgerkriegs revisionsbedürftig sei. Ende der 1930er Jahre war die Bewegung dann so stark, dass die schlimmsten rassistischen Stellen des Films *Gone with the Wind* bereits vorab mit Blick auf das zahlende und selbstbewusster werdende schwarze Publikum entschärft werden mussten. Deutlich veränderte sich die Wahrnehmung des Bürgerkriegs und der Sklavenfrage jedoch erst unter dem dreifachen Einfluss von Zweitem Weltkrieg, Kaltem Krieg und anwachsender Bürgerrechtsbewegung in den 1950er und 1960er Jahren. Nach dem Kampf gegen den nationalsozialistischen Rassismus und inmitten des Systemkonflikts mit dem stalinistischen Totalitarismus erschien die «Negerfrage», wie es zeitgenössisch hieß, in einem anderen Licht als zuvor. Überdies wurde der Bürgerrechtskampf im Süden nun durch das neue mediale Instrument des Fernsehens ganz anders aufbereitet als zuvor. Die weiße Mittelklasse des Nordens und Westens sah allabendlich, was weiße Gewalt im Süden konkret bedeutete. Dies intensivierte die Solidarität mit den Schwarzen, führte aber ebenso dazu, der Sklavenfrage im 19. Jahrhundert in der Diskussion der Ursachen des Bürgerkriegs einen neuen Stellenwert zu verleihen. Von wissenschaftlicher Seite führte obendrein die Analyse totalitärer Lagersysteme, etwa der deutschen Konzentrationslager, dazu, die psychischen Folgen der Sklaverei neu und kritischer zu bewerten. Dadurch geriet die etablierte Paternalismusthese ins Wanken, ehe sie in den 1980er Jahren in kritischer Version von Eugene D. Genovese erneut in die Debatte geworfen wurde. Autoren wie Kenneth Stampp oder Stanley Elkins bemühten sich um eine Interpretation von Sklaverei und Bürgerkrieg, die von den Traumata der Opfer her argumentierte. Allerdings überbetonten sie, vor dem Hintergrund psychologischer Studien zum Bettelheim-Syndrom in deutschen Konzentrationslagern der 1940er Jahre, den Opferstatus und die Passivität der Sklaven bis zu ihrer Selbstidentifikation mit den Tätern. Demgegenüber verwiesen marxistische und kulturhistorisch argumentierende Autoren eher auf die Widerständigkeit und die Fähigkeit der Sklaven, Elemente einer eigenen Kultur unter schwierigsten Ausgangsbedingungen zu bewahren. Für die Diskussion der Ursachen des Bürgerkriegs hatte diese Debatte über schwarze *agency* erhebliche Auswirkungen. Während die Frage nach der Verfassungsstruktur der USA und der Einzelstaatenrechte erheblich zurücktrat, rückte die Sklaverei unvermittelt ins Zentrum der Aufmerksamkeit. Seit den 1980er/1990er Jahren galt es als ausgemacht, dass der Bürgerkrieg primär um die Sklaverei geführt worden sei.

Dieses apodiktische Urteil rief in extrem konservativen Kreisen Widerstand hervor. Zum einen trugen Forderungen aus radikalen Zirkeln der Bürgerrechtsbewegung nach Entschädigungszahlungen für die Sklaverei, die nun mehr und mehr als *black holocaust* interpretiert wurde, dazu bei, ganz im Sinne des überkommenen *lost cause*-Narrativs die Sklaverei als Ursache des Kriegs einfach zu leugnen. Insbesondere das *Neoconfederate Movement* tat sich hier geschichtsfälschend hervor. Andere Autoren, beispielsweise der neokonservative Immigrant Dinesh D'Souza, versuchten herauszuarbeiten, dass Entschädigungsforderungen schon deswegen absurd seien, weil es ja auch eine Minderheit farbiger Sklavenhalter gegeben habe. Sollten deren Nachfahren etwa auch entschädigt werden? Zum anderen machte sich ein gewisses Unbehagen an der stereotypen Opferrolle der Schwarzen beziehungsweise an der simplen Opfer-Täter-Dichotomie in der vorherrschenden, mitunter etwas banal moralisierenden Analyse bemerkbar. All diese Debatten um Opfercharakter, Entschädigungen und Leugnung der Rolle der Sklaverei beim Ausbruch des Bürgerkriegs waren letztlich genuiner Ausdruck der gesellschaftlichen Spannungen, welche die USA seit den Unruhen der 1960er Jahre heimgesucht hatten und die allgemein unter dem Stichwort der *culture wars* analysiert wurden. Sie verweisen aber ferner darauf, wie entscheidend der Bürgerkrieg, seine Erinnerung und die damit verknüpften Diskussionen für die Aushandlung amerikanischer nationaler Identität seit den 1870er Jahren waren und immer noch sind. Diese Erinnerung war zweifellos Konjunkturen unterworfen, welche die jeweiligen gesellschaftlichen, politischen und ökonomischen Interessenlagen der Nation recht genau widerspiegelten. Just diese Erkenntnis aber macht es sinnvoll, den amerikanischen Bürgerkrieg im Interesse einer komplexeren Analyse seiner Ursachen und seiner Folgen nicht ausschließlich als Krieg um der Sklavenfrage willen zu interpretieren, sondern zudem in einem globalen Kontext als Nationsbildungs- oder Nationswerdungskrieg. Insofern der Bürgerkrieg Nationsbildungskrieg war, diente er als Initialzündung für Prozesse, die weit jenseits der Sklavereidebatte lagen, aber immer mit ihr verwoben blieben. Dabei waren es weniger der Krieg und sein Verlauf, welche auf längere Sicht konstitutiv für die neue Sicht der Union als Nation wurden, als zum einen strukturelle Veränderungen, wie etwa die weiteren Verdichtungen in Massenproduktion, Massenkonsum, Transportwesen, Kommunikation, Massenmedien, Werbung, Populärkultur etc. Zum zweiten waren es die geschilderten wechselhaften Konjunkturen der Erinnerung an den Bürgerkrieg, die aus den USA eine Nation formten, nicht der Krieg selbst. In der angelsächsischen Forschung hat der suggestive Satz, Kriege würden Staaten machen («wars make states»), zwar viele Anhänger gefunden. Gleichwohl kann man auf regionaler und lokaler Ebene gut zeigen, dass er, wenn nicht falsch, so doch unvollständig ist. Nicht im Krieg, sondern im Frieden, im Funktionieren der Institutionen und Erinnerungskulturen, werden Staaten, Nationen und ihre Identitäten in dialektischen gesellschaftlichen Aushandlungsprozessen «gemacht».

Nun wird man ohnehin vorsichtig sein müssen, die USA vorschnell als einen fertigen Nationalstaat aufzufassen. Es existierten weiterhin gewichtige retardierende Momente, insbesondere die frühmoderne, vornationale, föderative Verfassungsstruktur, die hochgradig ineffiziente staatliche Bürokratie auf nationaler Ebene sowie der imperiale Zuschnitt des *frontier*-Denkens, das sich gerade nicht auf eine starre, als natürlich wahrgenommene nationalstaatliche Grenze bezieht, sondern von andauernder Bewegung ausgeht und mit territorialer oder weltanschaulicher Expansion verknüpft ist. So wurden neben nationalen zugleich imperiale und lokalistische Tendenzen befördert. Diese inhärente Widersprüchlichkeit wurde vom Bürgerkrieg nur relativiert, nie aber beseitigt. Umgekehrt haben sämtliche weiteren Kriege mit der Ausbildung der *imperial presidency* und das kollektive Gedenken an diese Kriege den nationalen Status der USA befördert. Mindestens genauso wichtig aber war die Ausbildung eines nationalen bürokratischen Herrschaftsapparates im *New Deal* der 1930er und der *great society* der 1960er Jahre, den beiden wichtigsten sozialpolitischen Reformschüben des 20. Jahrhunderts. Hier wirkte sozialstrukturell wie erinnerungspolitisch und kulturell die normative Faktizität des sich real entwickelnden Nationalstaates. War der Bürgerkrieg also ein Nationsbildungskrieg? Oder war er doch primär ein Krieg zur Befreiung der Sklaven? Angesichts der Ambivalenzen der Nationalstaatlichkeit in den USA und der Begründungen, die 1861 für den Bürgerkrieg gegeben wurden, wird die Antwort uneindeutig ausfallen, wenn man die diversen Rückschläge in der Emanzipation der Schwarzen zwischen der Rekonstruktionsepoche und der vom Süden als zweite Rekonstruktion interpretierten Bürgerrechtsbewegung des 20. Jahrhunderts in Rechnung stellt. Gewiss drehte sich der Konflikt von 1861 bis 1865 auch um humanitäre Fragen, um den Wert individueller Freiheit und den Glauben an menschliche Gleichheit. Aber löste er all diese Probleme wirklich? Wohl eher nicht, sieht man einmal vom bloßen Erhalt der Union als zentralem Kriegsgrund ab. Alles andere war Stückwerk. Selbst die bürgerlich-kapitalistische Umformung des besiegten Südens blieb in den Kinderschuhen stecken. Wohl wurden die Territorien der einstigen Konföderation intensiv in den nationalen und globalen Handel einbezogen, allerdings nicht gleichberechtigt. Das postfeudale *sharecropping*-System verhinderte sowohl das Entstehen eines agrarindustriellen Produktionsregimes, wie es sich im Mittelwesten und Westen der USA etabliert hatte, als auch eine urban-industrielle Ordnung mit variablen, frei verfügbaren Lohnarbeitermassen, wie in den neuenglischen Industriegebieten. Was blieb, war eine ruinöse Abhängigkeit von den wirtschaftlichen Zentren der USA und dem globalisierten Welthandel mit außerordentlich beschränkten eigenen Handlungsoptionen. Im Grunde scheiterte der Norden an der Inkonsequenz, mit welcher er seine Kriegsziele – den einen und unteilbaren Nationalstaat, das liberal-kapitalistische Wirtschaftssystem und die Befreiung der Sklaven zugunsten eines auf Lohnarbeit basierenden Arbeitsregimes mitsamt den damit verknüpften humanitären Anliegen – umsetzte. Umgekehrt war der Süden wiederum zu konsequent im Festhalten an den Aporien eines Staates, der keiner sein wollte und auf blanker Inhumanität gründete. Daher scheiterte er am Versuch, eine plausible konservativ-partikularistische Alternative zu generieren. So unvermeidbar der Bürgerkrieg von seinen tieferen Ursachen her war, so uneindeutig war er in seinen Auswirkungen. Um ein Diktum Eric Foners leicht modifiziert aufzugreifen, waren der Bürgerkrieg und die Rekonstruktion Amerikas unvollendete bürgerliche Revolutionen. Wenn dem aber so war, bleibt nur die nüchterne und ernüchternde Erkenntnis, dass am Ende des Krieges die Frage nach dem Sinn des massenhaften Leidens weitgehend unbeantwortet bleiben musste. Die Antworten waren Sache des Friedens, der dann folgte.

Literaturhinweise

David W. Blight, *Race and Reunion: The Civil War in American Memory* (Cambridge: Belknap Press, 2001).

William L. Burton, *Melting Pot Soldiers: The Union's Ethnic Regiments* (New York: Fordham University Press, 1998).

William C. Davis, *Look Away! History of the Confederate States of America* (New York: Free Press, 2002).

Norbert Finzsch, *Konsolidierung und Dissens: Nordamerika von 1800 bis 1865* (Münster: LIT Verlag, 2005).

Steven Hahn, *A Nation under Our Feet: Black Political Struggle in the Rural South from Slavery to the Great Migration* (Cambridge: Belknap Press, 2005).

Daniel W. Howe, *What Hath God Wrought? The Transformation of America, 1815–1848* (New York: Oxford University Press, 2007).

Walter A. Mac Dougall, *Throes of Democracy: The American Civil War Era, 1829–1877* (New York: HarperCollins Publishers, 2008).

James McPherson, *Für die Freiheit sterben: Die Geschichte des amerikanischen Bürgerkrieges* (München: List Verlag, 1996).

Reinhard Pohanka, *Der Amerikanische Bürgerkrieg* (Wiesbaden: marixverlag, 2007).

Brian H. Reid, *The Origins of the American Civil War* (London: Longman, 1996).

Udo Sautter, *Der Amerikanische Bürgerkrieg, 1861–1865* (Darmstadt: Wissenschaftliche Buchgesellschaft, 2009).

Harry S. Stout, *Upon the Altar of the Nation: A Moral History of the Civil War* (New York: Penguin Books, 2006).

Sean Wilentz, *The Rise of American Democracy: Jefferson to Lincoln* (New York: W. W. Norton, 2005).

Personenregister